非行臨床における家族支援

生島 浩 著

SHOJIMA HIROSHI

はじめに　本書の目的・問題の所在

　非行臨床の対象は，法的にはあくまで非行少年本人であるが，本人への影響力の大きい家族の機能障害が非行と強い関連性をもつことは，非行臨床に携わる者の共通認識であった。さらには，本人の行状に困窮した家族が自ら専門的援助を求めて来ることも多く，本人に比して援助への動機付けが高い場合も少なくない。従来から家族への取り組みは非行臨床では重視されてきたが，家族に原因を求めるアプローチは，ひとり親など脆弱性をもつ家族を追い詰めることにもなりかねず，十分な効果を上げてきたとは言いがたい。何より問題なのは，非行臨床機関において組織的な取り組みが遅れてきたことである。

　本書は，非行臨床において家族支援を個人的な試行でなく，組織的に行う際の実践理論と技法の全体像について，筆者の臨床実践を基礎として述べたものだが，その論点は以下のとおりである。

　第一に，「本人（子ども）とその家族」というような区分はせず，「本人を含めた家族」を援助対象の単位として扱う家族システム論に拠っている。アセスメントを含めて，合同家族面接の重要性は十分に認識した上で，必ずしも，あるいは，毎回家族全員と関わるものではない。肝要なのは，本人一人と面接するときには背景の家族を見据え，反対に家族（保護者）に働きかける際にも本人の行状を常に念頭に置いて対応する観点とそれに基づく介入方針が採用される。アセスメントと介入のための面接を区別することはしないが，ジェノグラム（多世代の家族関係図）作成などにより，特に虐待ケースを典型として両親の養育機能に問題があれば，祖父母を含めた3世代以上を働きかけのリソース（資源）として視野に入れた介入もときに求められる。

　第二に，家族に非行原因を求め，その除去のためにアプローチすることよりも，立ち直りのストーリーへの参画を希求する手法が，非行臨床では有用であることを主張する。多くの立ち直りに関わる語り（ナラテ

ィブ）によれば，非行に陥る経緯とそこから立ち直る道筋とは異なり，誰彼との出会いがきっかけ，ターニング・ポイントとなることが知られている。そのためには，子どもの発達を含めた「時間の経過」が必要であるという非行臨床の経験則を最重要視している。子どもの発達，そして，キィ・パースンとなる人物との出会いを保障する"時間稼ぎ"のためには，家族，特に親がくたびれ果てることのないように社会的・心理的支援が不可欠である。その意味で，非行からの立ち直りの"手立て"として，家族の持てる力が最大限に発揮できるように，エンパワーメントの観点から広い意味での環境調整に努めることが重要である。

第三に，家族支援の具体的な技法として，システムズ・アプローチを取り上げている。かつて家族支援の方法として家族療法が登場したが，それは家族システムに直接的に介入して，家族の変化により問題や症状を改善・消失させるといったものと受け止められた。しかし，システムズ・アプローチは，家族をシステムにたとえるアナロジーであり，システムの特質を踏まえて，バイオサイコソーシャル（生物・心理・社会的）モデルといった広い観点からの介入を特質としている。支援対象者のみならず，介入する処遇者，その所属する組織をもシステムとして認識すること，家族はもとより，個人，社会の各システムへの多元・多層的働きかけを行うこと，多様な手法・プログラムを有効的に組み合わせることを特徴としている。非行臨床の対象とする家族は，経済的事情から始まり，親の疾患や障害，犯罪前歴など複雑な問題を抱えることも少なくなく，福祉や医療機関などとの多職種・多機関連携が不可欠なアプローチを必要としている。

このような問題意識から，本書の全体構成は，次のとおりとした。

第1章　「非行臨床」とは何か
第2章　非行臨床論の基礎と展開
第3章　家族臨床の実践理論と方法：システムズ・アプローチ
第4章　非行臨床におけるシステムズ・アプローチ
第5章　事例研究：危機介入と子どもの発達を見守る家族支援に関する長期経過

第6章　事例研究（2）：システミックなケース・マネジメントによる
　　　　家族支援
　第7章　家族を手立てとする立ち直り支援：まとめに代えて
　第1章では，介入を行う処遇者の属する場，あるいは，立ち位置に関して「非行臨床」をシステム論的観点から叙述し，第2章では，「非行の原因究明」ではなく「非行からの立ち直り」の観点を強調して非行臨床論を展開した。第3章では，非行臨床における家族システム論の基本とシステムズ・アプローチとして代表的な欧米の実践理論を紹介，第4章では，非行臨床機関における家族支援の実践に学びながら，筆者の構築した「家族を手立て」とする立ち直り支援としてのシステムズ・アプローチを提示した。家族支援の事例研究として，第5章では，危機介入と子どもの発達を見守る9年余りに及ぶ長期経過を示し，第6章では，大学の相談室が地域の社会的支援の一翼を担って筆者がケース・マネジメント機能を果たした多機関連携の事例を紹介した。最後に，第7章では，非行少年のタイプ別に立ち直り支援の在り方，家族支援の留意点を示して筆者の論点を整理し，非行臨床における「悪いことはしない」という常識に基づくシステムズ・アプローチとしての家族支援の理論及び実践研究のまとめを行った。
　家族臨床の専門学会である日本家族研究・家族療法学会，家族心理学会のいずれもが，2013年に設立30年目を迎えた。家族への働きかけもほかの臨床領域と同様に欧米の理論，実践に学ぶことから始まったが，非行臨床という社会的支援の一環として実践する以上，わが国の臨床システムに合致した実践とならなくてはいけない。まず，自らの30年余りの臨床経験から欧米の理論及び技法を「使い勝手」という観点から検討した。エビデンスが重視される臨床現場において，欧米では，長期研究から家族へのシステムズ・アプローチの費用対効果の良好さが明示されている。社会的事情なのか非行・犯罪率が高く，コストが格段にかかる施設内処遇，さらに，社会内処遇も含めて再犯率の高さが顕著な欧米の処遇実践に関するエビデンス論をそのままわが国に持ち込んでも使い勝手は良くない。だが，非行少年を犯罪者にせず，犯罪者の家庭から非

行少年を生まない「世代間連鎖」を絶つ社会的支援としての家族への働きかけは重要である。

　筆者は，非行少年・犯罪者をともに対象とする，すなわち，長期的予後をみることのできる社会内処遇である保護観察に従事するなかで，処遇システムに合致した家族支援を展開してきた。さらには，大学の相談室やスクールカウンセラーとして，非行問題に対処してきた実践知も加えて，本書において立ち直り支援としての家族臨床を提示するものである。本書の主題であるシステムズ・アプローチの有用性を家族支援の長期経過及びケース・マネジメントの事例研究により実証し，今後のシステミックな展開を図るための方法論の全体像を課題と合わせて明らかにすることを目的としている。非行は，社会的事象であるから学校や地域の支援機関・組織といった社会システムと連携するシステムズ・アプローチの観点は重要となるが，本書では論旨を明確にするために，家族システムへの介入に絞って論述した。

　最後に，非行臨床の最終目標は，「悪いことをしない」であっても，家族臨床においては，「子どもの問題行動を家庭内のコントロール下に収める」ということになろう。家族システムが機能するには，祖父母ー両親ー子どもの間に階層，境界といった基本構造が必要で，親の保護機能を受けて子どもが自立するのはいいが，家庭からの逸脱，崩壊は回避しなくてならない。このような立ち直り支援に特化したシステムズ・アプローチに基づく家族臨床を実践理論化し，技法の集約を試みたものであり，子どもの発達を保障し，〈致し方ない〉と自己及び家族受容を耐容する〈時間稼ぎ〉の工夫をまとめている。本書の特徴である非行事例の長期経過の提示により，危機介入段階の短期集中的介入，そして，本人の発達過程と立ち直りの契機となる〈人との出会い〉を保障する，濃淡はあっても継続的な治療的関与の意義を強調したものである。

非行臨床における家族支援 ❖ 目　次

はじめに　本書の目的・問題の所在･･････････ 3

第1章 ･････････････････････････････ 13
「非行臨床」とは何か

　第1節　非行臨床機関の概要････････････ 13
　第2節　非行臨床という立ち位置･･････････ 20
　第3節　非行臨床の機能と特質･･････････ 23
　第4節　少年非行の動向････････････････ 29

第2章 ･････････････････････････････ 33
非行臨床論の基礎と展開

　第1節　非行臨床論の基礎････････････ 33
　第2節　立ち直り論の基礎････････････ 37
　第3節　わが国の立ち直り論････････････ 40
　第4節　立ち直り論の展開････････････ 42

第3章 ・・・・・・・・・・・・・・・・・・・・・・・・・・・・・・ 52

家族臨床の実践理論と方法
：システムズ・アプローチ

　　第1節　家族臨床の実践理論・・・・・・・・・・・・・・・・・52
　　第2節　家族臨床の方法・・・・・・・・・・・・・・・・・・・63

第4章 ・・・・・・・・・・・・・・・・・・・・・・・・・・・・・・ 76

非行臨床におけるシステムズ・アプローチ

　　第1節　システムズ・アプローチによる家族支援の基本的原理と手技・・・・・・・・・・・・・・・・・・・76
　　第2節　非行臨床におけるシステムズ・アプローチの実際・・・・・・・・・・・・・・・・・・・・・・・・88
　　第3節　合同家族面接の実際：家族葛藤の直面化・・94
　　第4節　家族支援プログラム：非行臨床における家族教室・・・・・・・・・・・・・・・・・・・・・・・ 100
　　第5節　立ち直りに不可欠な〈時間稼ぎ〉：システムズ・アプローチの終結・・・・・・・・・・・・・・ 103

第5章 ・・・・・・・・・・・・・・・・・・・・・・・・・・・・・・・・ 107

事例研究：危機介入と子どもの発達を見守る家族支援に関する長期経過

はじめに ・・・・・・・・・・・・・・・・・・・・・・・・・・・・ 107
第1節　介入の焦点 ・・・・・・・・・・・・・・・・・・・・ 108
第2節　事例の全体経過 ・・・・・・・・・・・・・・・・ 110
第3節　システムズ・アプローチによる家族支援の
　　　　実際 ・・・・・・・・・・・・・・・・・・・・・・・・・・ 113
第4節　考察 ・・・・・・・・・・・・・・・・・・・・・・・・・・ 125
おわりに ・・・・・・・・・・・・・・・・・・・・・・・・・・・・ 130

第6章 ・・・・・・・・・・・・・・・・・・・・・・・・・・・・・・・・ 132

事例研究（2）：システミックなケース・マネジメントによる家族支援

はじめに ・・・・・・・・・・・・・・・・・・・・・・・・・・・・ 132
第1節　母親面接を中心とする家族臨床 ・・・・・・ 133
第2節　保護観察所における「家族教室」：家族支援
　　　　プログラムの実際 ・・・・・・・・・・・・・・・・ 141
第3節　訪問相談活動における経過 ・・・・・・・・ 146
第4節　考察 ・・・・・・・・・・・・・・・・・・・・・・・・・・ 149
おわりに ・・・・・・・・・・・・・・・・・・・・・・・・・・・・ 151

第7章 ・・・・・・・・・・・・・・・・・・・・・・・・・・・・・・・・・・・・・ 153

家族を手立てとする立ち直り支援
：まとめに代えて

第1節　非行少年のタイプ別の立ち直り支援の在り方・・・・・・・・・・・・・・・・・・・・・・・・・・・・ 153
第2節　非行臨床における家族支援の留意点・・・・ 158
第3節　非行臨床におけるシステムズ・アプローチの展開のために・・・・・・・・・・・・・・・・・ 160

おわりに・・・・・・・・・・・・・・・・・・・・・・・・・・・・・ 163
引用文献一覧・・・・・・・・・・・・・・・・・・・・・・・・ 165
索引・・・・・・・・・・・・・・・・・・・・・・・・・・・・・・・ 172

非行臨床における家族支援

第1章 「非行臨床」とは何か

第1節 非行臨床機関の概要

　非行臨床の現場は多様である。非行問題への初期的介入としては，学校，教育相談，心理臨床機関に加えて，最近では発達障害と関係する非行事件が社会の耳目を集めており，クリニックでの取り扱いもある。公的な専門機関としては，警察，家庭裁判所，少年鑑別所，保護観察所，少年院といった少年法に依拠するもの，児童相談所，児童自立支援施設などの児童福祉法に基づくものがある。さらに，少年鑑別所や児童自立支援施設，少年院といった非行に特化した機関・施設もあるが，警察，児童相談所，家庭裁判所，保護観察所のように，その機能の一部が非行臨床に該当するところもある。それぞれが実施する非行臨床における家族支援を論述するために，必要な非行機関の概要をまとめる。

　まず，非行臨床の基本法である少年法について概説したい。少年法は，少年（男女の区別なく20歳未満の者）の健全な育成を期し，非行のある少年に対して，性格の矯正及び環境の調整に関する保護処分を家庭裁判所が行うことを目的としている。その審判は非公開であるが，申出があれば結果も通知され，殺人など重大事件では被害者等の傍聴が認められる。また，少年が罰金や執行猶予を含む懲役・禁固刑などの刑事処分を受ける場合の特別な措置なども定めている。

　少年法は，非行少年を次の3種類に分けて，取り扱う専門機関が定め

られている。

1）犯罪少年

14歳（刑事上の責任を負う最少年齢）以上20歳未満の罪を犯した少年。通常は，警察で補導され，検察庁を経て，家庭裁判所に大半は在宅のまま書類だけが送られる。犯時14歳以上，特に16歳以上で殺人など重大な非行を犯せば，原則として刑事裁判を受け，実刑となれば，16歳になるまでは少年院，その後は少年刑務所で受刑する。なお，18歳以上であれば死刑が言い渡されることもある。

2）触法少年

14歳未満で刑罰法令に触れる行為を行った少年で，児童福祉法上の措置が優先される。刑事責任年齢に満たないが放置されるわけではなく，警察に補導され，児童相談所などに通告される。さらに，児童自立支援施設などへの入所措置がなされることもある。ただし，非行内容が重大である，あるいは，少年が事件を否認しているときなどには家庭裁判所へ事件が送致されて審判が開かれ，おおむね12歳から少年院に送致されることもある。

3）ぐ犯少年

20歳未満で，① 保護者の正当な監督に服しない性癖のあること，② 正当な理由がなく家庭に寄り付かないこと，③ 犯罪性のある人もしくは不道徳な人と交際し，又はいかがわしい場所に出入りすること，④ 自己又は他人の徳性を害する行為をする性癖のあること，のいずれかの行状に当てはまり，その性格・環境などから，将来，犯罪や触法行為を行う虞が認められる少年。14歳未満であれば，「触法少年」同様児童福祉法上の措置が優先されるが，14歳以上18歳未満なら児童相談所通告か家庭裁判所送致が選択され，18歳以上なら家庭裁判所へ直接送致される（図1-1参照）。

非行少年は，成人犯罪の多くが警察で微罪処分や検察庁で不起訴になるのと違って，家庭裁判所へ全件送致されるのが原則である。家庭裁判所

第 1 章 ❖ 「非行臨床」とは何か

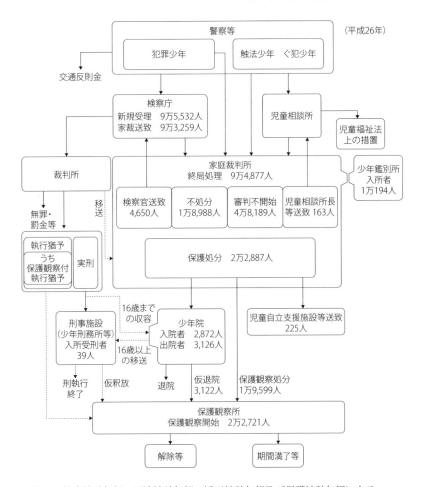

注 1　検察統計年報，司法統計年報，矯正統計年報及び保護統計年報による。
　 2　「検察庁」の人員は，事件単位の延べ人員である。例えば，1 人が 2 回送致された場合には，2 人として計上している。
　 3　「児童相談所長等送致」は，知事・児童相談所長送致である。
　 4　「児童自立支援施設等送致」は，児童自立支援施設・児童養護施設送致である。
　 5　「出院者」の人員は，出院事由が退院又は仮退院の者に限る。
　 6　「保護観察開始」の人員は，保護観察処分少年及び少年院仮退院者に限る。

図 1-1　非行少年に対する手続きの流れ（平成 27 年版『犯罪白書』p. 113 より）

は，平成 26 年には 94,877 人の事件処理をしたが，少年の身柄確保や臨床心理でいうアセスメントである鑑別の必要があるときは，観護措置により少年鑑別所に収容する（10,194 人）。家庭裁判所調査官による調査などをもとに，非行事実はあるが公的機関による保護・監督の必要性は認められないとして，多くは審判不開始（48,189 人）や不処分（18,988 人）となる。保護処分となるのは限定的で，保護観察処分（22,721 人），少年院送致（2,872 人），児童自立支援施設等送致（225 人）の 3 種類がある。そのほかに，罰金を含む刑事処分が相当として検察官に逆送された者（4,650 人）がいるが，重大事犯により少年刑務所等で受刑する者（39 人）は極めて少ない（法務省法務総合研究所，2015）。

　2007 年から施行されている改正少年法で，少年院収容年齢が，14 歳以上からおおむね 12 歳に引き下げられたことから，少年院と児童自立支援施設が対象としてきた事案が重なり合う部分が増え，双方の臨床経験が共有される必要性が高まった。なお，双方の相違は，少年院は矯正教育を行う施設であり，家庭裁判所による保護処分で強制的に入院させられ，逃走すれば連れ戻され，出院も第三者機関である「地方更生保護委員会」という法務省の機関で決定される。一方，児童自立支援施設は児童福祉施設の一つであり，入所は本人及び保護者の同意が前提で，逃げ出しても「無断外泊」と扱われ，退所に至る期間や条件も少年院ほど明示されているわけではない。なお，2014 年に改正された少年院法により，少年院の種別名称が変更されたが，その教育内容等は不変である。

　そのほか，警察では，「不良行為少年」として，前述の「非行少年」には該当しないが，喫煙と深夜はいかいが 9 割を占める「自己又は他人の徳性を害する行為をしている者」を 2015 年では 73 万人以上を補導している。さらに，事件として立件される前の非行問題に関する少年相談も実施しており，保護者と学校関係者（教職員）からのものが大半を占め，深刻化に至らない非行臨床の初期的介入として重要である。

　これまで述べてきたように，非行臨床機関の全体像は複雑であり，その理解を助けるために，少年法に関わる公的な専門機関の特徴について一覧表にした（表 1-1 参照）。

表 1-1 公的な非行臨床機関一覧

臨床機関	対象となる少年	臨床機関の特徴等
警察の少年相談(警察署の生活安全課少年係)	非行や問題行動のある少年・犯罪や非行の被害にあった少年	「少年サポートセンター」などの名称により保護者からの相談を中心に電話相談も行っている。
児童相談所(都道府県,指定都市に義務設置)	問題行動やそのおそれのある18歳未満の少年	児童福祉司や心理判定員による調査・診断に基づき,相談のほか児童福祉施設への措置を行う。児童を保護する一時保護所を付設しているところもある。
家庭裁判所(地方裁判所に対応して置かれる)	警察で補導・検挙された少年	非行を犯した少年の資質や家族・学校など少年を取り巻く環境を調査し,非行事実の認定と少年の処分の決定を行う。家庭裁判所調査官が教育的措置である「試験観察」などにおいて面接指導や親子合宿,保護者教室を行っている。
少年鑑別所(法務省所管,全国52施設)	家庭裁判所の観護措置の決定により送致された少年	家庭裁判所での審判のために,少年を最高8週間まで収容し,心理技官等が資質の鑑別を行う。また,観護措置ではない一般相談の窓口も設けている。
児童自立支援施設(国立2,公立54,私立2施設)	児童相談所や家庭裁判所の決定により送致された少年	職員が児童と生活を共にし,開放的な雰囲気のなかで生活指導や学科指導を行う。児童福祉法改正により名称が教護院から変更されたほか,通所による指導や退所後の支援も行うことになった。
保護観察所(法務省所管,全国50か所)	家庭裁判所で保護観察に付された少年及び少年院を仮退院中の少年	保護観察官とボランティアである保護司が協働し,地域社会との連携により生活指導や家族調整などの社会心理的援助を行う。その期間は原則20歳までだが,成績良好の場合は早期に終了し,不良な場合は施設収容を求めることもある。
少年院(法務省所管,全国52施設)	家庭裁判所で少年院送致となった少年 年齢,犯罪傾向,心身の状況等に応じて,第一種から第四種(刑の執行)の4種類の少年院のいずれかに収容される(第三種は26歳未満)。	矯正施設において教科教育や職業教育などを行う。収容年齢はおおむね12〜23歳未満で,早期に改善の見込まれる者は6カ月以内の短期処遇,それ以外の者は原則2年以内の長期処遇を受けることなるが,凶悪・重大な非行事案では収容期間が2年を超えることもある。成績が良好な場合には遵守事項が決められて仮退院となり,保護観察所の指導に移行する。

繰り返しになるが，次節で詳述する非行臨床の観点から，各機関の機能について家族支援を中心にあらためて整理した（廣瀬・2013；生島・村松，1998；生島・岡本・廣井，2011）。

1）警察：警察官が非行少年の捜査，取り調べを中心に行っているが，触法少年や不良行為少年への街頭を含めた補導，保護者や教師への注意・助言などは，少年補導職員，あるいは，少年相談専門職員（心理職）が担っている。特に，非行の初期対応の中核である少年相談については，約半数が保護者からのものが占めている（警察庁生活安全局少年課，2015）。

2）家庭裁判所：審判が開かれ，保護処分となる少年は限られるが，少年・保護者等への面接調査・心理テストやカウンセリングなど一切の活動が「教育的措置」と呼ばれ，少年事件担当の家庭裁判所調査官が行っている。保護者に対する措置として，「保護者に少年の監護に関する責任を自覚させ，その非行を防止するため，調査・審判で訓戒，指導，その他の必要な措置をとることができる」旨の規定が，2000（平成12）年の少年法改正で新設された。養育態度の見直し，被害弁償の促しが調査面接や講習会・保護者会などにおいて行われている。少年法と同様の規定が，保護観察に関わる更生保護法や少年院法にも設けられ，非行臨床全体での家族への関わりが積極化された意義は大きいものの，協力的でない保護者に対しても「指示・命令」できる権限は認められていない。

3）少年鑑別所：家庭裁判所によって「観護措置」と呼ばれる収容決定がなされた非行少年に対して，鑑別技官が心理テストや面接により再非行のリスク・アセスメント，法務教官が生活指導など観護に当たっている。家族に関わる情報は，ダイレクトな接触ではなく家族画などの手法で少年本人より得ている。保護者の面会時に家族への関わりは可能だが，家族関係については家庭裁判所調査官を介して把握することが基本である。

4）保護観察所：国家公務員である保護観察官と民間篤志家である非

常勤公務員の保護司が協働して面接指導，家族等への生活環境の調整，そして，地域社会への支援に当たっている。この「協働態勢」と呼ばれる独特のシステムズ・アプローチについては第3章で解説する。家族への働きかけは，保護司による家庭訪問などが中心であるが，再非行リスクの高まった危機介入時の面接，少年院在院時の引受人会，あるいは，グループワークとしての家族教室など保護観察官が実施するものがある。

5）少年院：第3種（医療）少年院には精神科医もいるが，収容少年と生活を共にし，生活指導・職業指導，教科教育は法務教官が行っている。カウンセリング，心理劇など心理臨床的アプローチについては外部の専門家が協力して実施している。保護者に対する働きかけについては，教育行事への参観，矯正教育の情報提供，手紙のやり取りへの指導など積極化しているが，面会時に親子関係に直接介入するなどは見られない。何より家族調整が必要な「来てもらいたい親」ほど来院しないという現実がネックである。

6）児童相談所：児童福祉司（ケースワーカー），児童心理司のほか，一時保護所には保育士等も配置されているが，保護者への対応は主に児童福祉司が担っている。児童は児童心理司が担当者となるために，家族臨床の面接形態は，合同家族面接ではなく，ほとんどは母子並行面接である。児童自立支援施設への入所措置から退所に至るまでの家族調整もその重要な職務である。

7）児童自立支援施設：かつては実際の夫婦が親代わりとして子どもと生活を共にしていたが，現在は，多くの開放施設で男女の支援員がペアを組んで交代勤務している。心理職も配置されるようになったが，親子関係への直接的介入は少なく，入所者に被虐待児童が多いために内的イメージとしての家族関係に焦点を当てた治療的介入が中心となっている（小林・小木曽，2009）。家庭支援専門相談員も配置されているが，寮担当者を兼ねる場合が多く，退所後のアフターケアとして断続的な保護者との関わりとなっている。

いずれの機関も，関連する専門職との連携に配意しているが，警察の少年相談や児童相談所の電話相談，少年鑑別所の一般外来相談（法務少年支援センター）以外は，例えば学校や保護者が児童・生徒に関して相談するにしても，当該機関に事件が係属していることが前提となる。非行が子どもの発達上の問題であることから，その加齢はもとより，非行性の深度に即して，家族が非行問題と向き合っていく道程を付き合い，末永く支えていく観点からの援助が肝要である。

第2節　非行臨床という立ち位置

　まず，「非行臨床」という用語を多用してきた者として，その自らの立ち位置をあらためて検証しておきたい。この用語を世に出した井上公大（1980）は，「非行少年の社会復帰過程を援助する心理臨床的諸活動」と定義している。ここで，「非行少年」，「社会復帰」，「心理臨床的諸活動」とは何なのか，議論を進めたい。

　第一に，「非行少年」とは，公的な非行専門機関が取り扱う「家庭裁判所の審判に付すべき少年」に限定して，前述したように少年法の条文で説明するのが一般的である。しかし，学校では，非行＝問題行動と捉えて，生徒指導や教育相談の対象となってくる。警察や児童相談所では，事件化され家庭裁判所の審判に付されることのない「夜遊び」や「親の財布からの持ち出し」なども，本格的な非行に至る前の相談や援助の対象である。本書では，非行臨床の専門機関が依拠する少年法が定義する「非行少年」を議論の中核に据える。しかしながら，実際に非行問題を取り扱う学校・警察・児童相談所などの指導や相談にも，非行問題に関する家族（保護者）支援は含まれており，視野に入れて考察していきたい。さらに，病院の臨床心理士やスクールカウンセラーを養成する大学院附属の相談室においても，「非行問題のある子ども」に関わる支援実践は重ねられており，いわば問題行動への援助を含めた広義の「非行臨床」に本書では言及している。

　次に，「社会復帰過程」に焦点を当てるということは，「非行の原因論」

に執着しないことを意味している。すなわち,「非行の原因をどこに求めるか」を命題とする「犯罪心理学」の観点よりも（大渕, 2006),「非行臨床学」が目指す立ち直り支援を優先することになる。なぜならば, 仮に原因が明確になっても, その除去・改善が図られなければ, あるいは, その方法が明示されることとセットでなければ,「どうにもならないのか」と無力感に襲われ, 心の傷となるおそれも生じる。非行の要因と指摘されることの多い生育歴や家庭環境, 具体的には親の離婚や虐待, ひとり親などは, 子ども自身にとっては「いかんともしがたい」事実であり, 調査面接により詳らかにしたところで, 非行予防の知見にはなり得ても,「親への憎悪を増す」といった本人の立ち直りにマイナスとなるリスクを伴うからである。親にしても,「子どもにかわいそうな経験をさせて申し訳ない」と自らを責めて, 問題行動への的確な対応がとれなくなる事例を経験する。何より,「親に問題・原因がある」との観点を臨床家が持てば, 親への支援が継続できる割合は低くなるであろう。治療者から養育環境や態度を責められる場に通い続けるクライエントとしての親はいないからである。

　原因が分からずして, 問題の解決, 非行行動の改善が図られるのかという疑問は, 至極当然である。単純な例を挙げれば, お金があるのに万引きを繰り返す中学3年生の行動を, 遺伝を含めた個人的資質（盗癖）から生じるものか, 高校受験を控えたストレスからとするのか, 万引きをそそのかす先輩からの悪影響と考えるのか。非行行動を出現させた原因を正確に把握する, 複雑な要素があるならその絡み具合を明らかにするのが, 犯罪心理学のアプローチである（麦島, 1990）。一方, 非行臨床の発想は,「非行の原因をどこに求めるのか」, それ自体を重要なアプローチの手立てとする。事例に則していえば, 心理療法が可能なクリニックであればパーソナリティなどの個人的資質, 生徒指導やスクールカウンセラーであれば不良交友や受験前のストレス, 非行臨床機関としては保護者の養育態度に焦点を当てるという, 臨床家の立ち位置も勘案して, 立ち直りに向けての変化が期待できるアプローチを選択する手法である。ここでは, 非行原因や背景を究明するにしても,「正確・真理」よ

りも「的確・使い勝手」を優先させることになる。換言すれば，援助者の立場や力量からして，社会復帰＝立ち直りへの道筋がつきやすいことを第一に考える。そのための非行理解であれ，非行への対処であれ，当事者（非行少年・家族・教師など関係者）と専門機関などの支援者が〈機能的に動ける〉場面設定を行えるような処遇計画というストーリー作りと介入方法を選択することを勘所としている。第2章でその発想の根拠を明らかにし，第5章の事例研究により実際を詳述したい。

最後に，「心理臨床的諸活動」とは，来談を求めての面接室での面接，家庭訪問などアウトリーチによる面接，関係者・組織のコーディネート，何より，ポイントはシステムズ・アプローチである。その意味するところは，非行少年・家族・学校などの関係機関，そして，支援関係者を包括した臨床場面全体をシステムとして捉え，オープン・システムの特性を活かした組織・機能連携を図ることである。ここで留意すべきは，システムを構成するサブ・システムはもとより，システム全体を統括するものも，非行問題の展開に応じて変化する点である。なぜならば，援助対象であるクライエントは，非行少年のこともあれば，非行行動に悩む親や教師のこともあり，さらには，事件化されれば警察・家庭裁判所・保護観察所のいずれに係属しているのかにもよるからである。繰り返しになるが，臨床場面を俯瞰的に捉えて，その全体をシステムと見なす観点と統括するマネジメント能力が大切である。

重要なのは，臨床システムの硬直化，例えば，アセスメント（査定）面接の回数がケースによらず決まっていたり，必ず母子並行面接の処遇構造が採用されたりするのではなく，ニーズに応じて臨床システムが変化する柔軟さである。システム全体の統括も，クライエントの発達段階により所属する学校種が変わり，非行性に併存する疾病・障害の有無により医療や福祉といった専門機関が異なることから，「ときに，人に応じて」とならざるを得ないが，一貫性のあるケース・マネジメントが重要である。ケース・マネジメントは，制度や機関といったフォーマルな資源と個人がもつ人間関係といったインフォーマルな資源を結び付けて，サービスのパッケージとして提供する援助技法をいうが（Frankel & Gelman,

2003），後述するシステムズ・アプローチの観点と同じである。

なお，「社会復帰」が，非行少年とラベリングされて以降の立ち直りであることから，警察や法務省が実施している「非行予防活動」は本書での対象としていない。

第3節　非行臨床の機能と特質

　警察に補導・検挙され，家庭裁判所の審判で非行少年とのレッテルを貼られ，少年鑑別所や少年院などの施設に入っていた子どもたちは，収容期間の長短にかかわらず「施設帰り」との社会的ハンディキャップを背負い，社会的排除の対象となり得る。それゆえ，学校や職場，家庭での居場所を見いだすための社会的支援が不可欠であり，心身に障害を抱えた人たちと同様にリハビリテーションやリカバリーの観点が重要となる。その対象は，「非行少年に対するもの」と「非行少年の家族に対するもの」の二つが従来からあり，これに「少年非行の被害者（遺族）に対するもの」が近年社会的ニーズとして加わり，さらに「非行少年やその家族が住む地域社会に対するもの」は，少年法改正による厳罰化など社会的排除が強まるなかで喫緊の課題となっている（生島，2003）。前述のように各機関のいずれもが「非行少年の家族に対するもの」を行っており本書で論述されるが，これを除いたほかの三つについて，立ち直り支援の観点から述べていきたい。

1．非行少年に対する援助

　まず非行臨床の処遇構造に関わる特質から検討する。第一に，非行臨床の大半を担う公的機関では，それぞれの臨床機関が拠って立つ法律に基づいており，後述するように対象者の非行性やその治療構造が異なる。さらに，各臨床機関だけで援助が完結することがはじめから想定されておらず，例えば，警察からの事件送致を受けて初めて家庭裁判所や児童相談所の治療的関わりが生じ，少年院から仮退院後は原則として20歳まで保護観察所の指導を受けることが規定されている。

このことは，臨床家として，一つの事例を長期間にわたって担当し予後を見きわめるという経験を持てないというハンディを負うことになる。心理臨床であれば，成功事例はもとより自殺という最悪の形で終結した事例から学ぶことの多さは計り知れない。しかし，非行臨床家は，他機関の関係記録は手元に多くあるものの，少年の非行性が深まる経過を見守り，かつ，自ら関与を続ける経験を持つことは希であろう。加えて，ある機関はほかの機関の失敗例を主に扱う，という構造上の問題が存在する。家庭裁判所の処分が有効でなく再非行した少年が保護観察となり，その後も非行が収まらない場合には少年院収容，少年院を仮退院しても再び非行があれば警察に補導され，家庭裁判所に事件が係属し再び審判を受けるといったように，ほかの臨床機関のネガティブな情報が集まりやすい。そのため，それまでになされてきた少年の成長・発達を的確に評価することが大切となる。
　第二に，公的機関に属する非行臨床家は，治療者の役割とともに，所属する機関に与えられた権力執行者の役割，つまり〈ダブル・ロール〉を担わなければならい。多くは〈動機付け〉に欠ける非行少年へのアプローチには，所属する機関の持つ法的権限が必要不可欠であることから生じる当然の治療構造である。これは，非行臨床に限らず組織で働く臨床家であれば，何らかの決定権・措置権を持つことが当然であり，自らの権能を自覚し，そのパワーを臨床的に活用する視点を持っていることがポイントとなる。
　受容・共感的であること，同じ目線であること，サポーティブな関係であることが強調される心理臨床であるが，法的権限を持つ自らの権能と矛盾無く機能させる力量が，特にシステムズ・アプローチにおける多機関・多職種の連携，協働には不可欠である。
　ところで，非行臨床においては，前述の治療者と権力執行者に加えて，対象者とその家族，さらには，加害者である少年と被害者への援助，非行少年とそれを受け入れる地域社会，近年では立ち直り支援と再非行というリスク管理といった役割葛藤が生じている。葛藤・対立状態にある事象への関与が，非行臨床の中核的機能であり，ダブル・ロールを担う

第1章 ❖ 「非行臨床」とは何か

なかで両者の折り合いを図る業務に従事することは，非行臨床家の大きな特質であることを指摘したい。

　第三には，我々の援助の中核は，可能な限り思春期の一過性の逸脱行動にとどめることであり，再非行を重ねて成人となって犯罪者にしないことである。図 1-2 は，少年の世代別の「非行少年率」が，その後の少年の成長に従ってどのように変化したかを示したものである。どの年次をとっても，14 歳ないし 16 歳の時に高率となるものの，その後は次第に非行から遠ざかることを示している。このような機会的な非行で終わるタイプの少年には危機介入的関与にとどめること，そうではなく犯罪者となるリスクを抱える少年か否か的確にリスク・アセスメントするこ

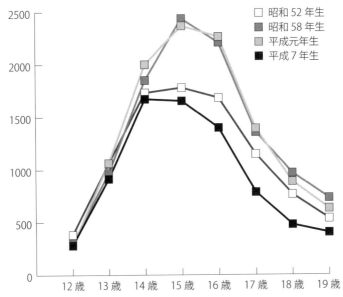

注1　警察庁の統計，警察庁交通局の資料及び総務省統計局の人口資料による。
　2　犯行時の年齢による。ただし，検挙時に 20 歳以上であった者を除く。
　3　「非行少年率」は，それぞれの年齢の者 10 万人当たりの一般刑法犯検挙（補導）人員をいう。

図 1-2　少年による一般刑法犯　非行少年率の推移
（平成 27 年版『犯罪白書』p.106 より）

とが肝要である。その役割を担う家庭裁判所や少年鑑別所の役割は大きい。どのような専門的支援も，無用な「非行少年」とのラベル貼りにつながり，さらに逸脱を促してしまう副作用があることへの配意は欠かせない。つまり，治療的働きかけをためらうことは無用であるが，エビデンスがあれば何をやってもよいというわけでもなく，権力執行者の自覚をもって〈謙抑性〉に心がけたい。

　しかし，一方で，家庭裁判所で保護観察処分に付され，あるいは，少年院で矯正教育を受けても，原則として20歳まで行われる保護観察期間中に，保護観察処分少年で17％前後，少年院仮退院者で20％を超える少年たちが再処分を受けている事実がある（表1-2参照）。このような非行を繰り返す少年たちは，成人となってからも犯罪者となるリスクが認められ，この意味からも再非行をさせない働きかけがキィ・ポイントとなる。

　このような非行を累行するリスク・ファクターを抱えた内省に乏しい非行少年に対して，家庭でも，学校でも，職場でも立ちゆかない現実に直面化させ，〈悩みを抱える〉までに成長を図る働きかけが，クライエントである非行少年が治療的動機付けに欠ける非行臨床の重要な目標である。このような洞察に至るには，少年自らがまず自分の行き詰まりを自覚し，その不安や怒りを衝動的な行動化ではなく，心のなかに抱えることができなければならない。不快さを味わう間もなくキレたり，あるいは，親や教師が悪いと他者を責めるのではなく，自分自身で立ち向かう経験が不可欠である。このためには，彼が思いどおりにいかない現実を振り返り，自己の内面に目が向かう場を提供するとともに，精神的な傷つきや落ち込みから回復するまでをサポートする臨床家の援助が不可欠となる（生島，1999）。10カ月ほど収容される長期少年院は別として，警察，児童相談所，家庭裁判所，保護観察所における多くのケースでは，危機介入を中心とする数回の面接にとどまる現状がある。このことから，公的な非行臨床機関と法的に携わる期間が制限を受けない民間の教育相談，大学の臨床相談室などとの役割・機能分担，そして，連携が重要となる。

第1章 ❖ 「非行臨床」とは何か

表1-2 保護観察対象少年の再処分率の推移
(平成27年版『犯罪白書』p.161より)

① 保護観察処分少年

年次	保護観察終了人員	再処分率	懲役・禁固 実刑	懲役・禁固 執行猶予	罰金 一般	罰金 交通	少年院送致	保護観察	その他
21	17,110	18.0	0.2	0.5	0.2	0.6	9.5	6.9	0.1
22	16,552	17.1	0.2	0.5	0.2	0.7	8.1	7.4	0.2
23	16,067	16.8	0.1	0.4	0.1	0.6	8.6	7.0	0.1
24	15,614	18.8	0.2	0.5	0.2	0.8	9.2	7.9	0.1
25	14,333	17.6	0.1	0.4	0.3	0.6	8.6	7.5	0.1

② 少年院仮退院者

年次	保護観察終了人員	再処分率	懲役・禁固 実刑	懲役・禁固 執行猶予	罰金 一般	罰金 交通	少年院送致	保護観察	その他
21	4,060	20.9	0.2	0.4	0.1	0.8	13.4	5.9	0.1
22	4,020	21.0	0.2	0.3	0.1	0.7	14.0	5.7	0.1
23	3,882	18.9	0.2	0.2	0.2	0.5	12.6	5.1	0.1
24	3,681	23.1	0.1	0.3	0.1	0.6	15.9	6.1	-
25	3,354	21.2	0.2	0.2	0.1	0.4	14.2	5.8	0.1

注1 保護統計年報による。
 2 保護観察処分少年は，交通短期保護観察の対象者を除く。
 3 「再処分人員」は，保護観察期間中に再非行・再犯により新たな保護処分又は刑事処分（施設送致申請による保護処分及び起訴猶予の処分を含む。刑事裁判については，その期間中に確定したものに限る。）を受けた者の人員をいう。
 4 「罰金」のうち，「交通」は，自動車運転過失致死傷等（刑法211条に規定する罪については，車両の運転によるものに限る。），道交違反並びに道路運送法，道路運送車両法及び自動車損害賠償保障法の各違反によるものであり，「一般」は，それ以外の罪によるものである。
 5 「その他」は，児童自立支援施設・児童養護施設送致等である。

2. 被害者（遺族）に対するサポート

我が国では，地下鉄サリン事件や凶悪・特異な少年事件の被害者（遺族）への対応が求められたことなどを契機として，いわゆる「被害者の人権」が強く叫ばれ，被害者の意見陳述や事件記録の閲覧を認め，非公開である審判結果を通知する制度等が新設された改正少年法が施行されている。

加害者である少年に対しては，少年院に在院中に犯罪被害者（遺族）の手記，映像記録，あるいは，ゲスト・スピーカーの講演として生の声を聴かせるなどの「被害者の視点を取り入れた教育」が実施されている。また，少年院出院後の保護観察においても被害弁償や慰謝・慰霊の措置に積極的に取り組ませ，老人ホームでの奉仕活動体験により思いやりの心を醸成するなどが行われている。さらに，少年院や保護観察所では，処遇経過に関するレポートが被害者の求めがあれば通知される制度も整備されている（小原，2011）。

しかし，主に弁護士等代理人が行う経済的損失を補償する示談制度は広く活用されているが，被害者と加害者（必要に応じ双方の家族も含め）が直接コンタクトする〈対話による和解プログラム〉はごく一部の試行にとどまり，その組織的な展開が今後の課題であることが指摘されている（藤岡，2005）。

被害者に関しては，その理不尽な体験をできるだけ詳細に語ってもらう〈再体験〉により，トラウマ記憶を含めた感情・認知を解き放ち，さらには自己の歴史に織り込む〈再統合〉を図ることが，心理的援助の原則であるとされる（小西，2008）。全国にある被害者支援センターなどによる心理的援助を含めた働きかけは，被害者（遺族）に対する肩入れ，すなわちエンパワーメントを目指すもので有益である。だからといって被害者の加害者への憎悪や謝罪欲求を一方的に煽るだけになっては，被害者・加害者双方の社会生活上の不適応を生じさせるおそれがある。被害者（遺族）が，それ自体をアイデンティティーとして生きるのではなく，普通の生活に戻れるような支援が肝要であろう。被害者（遺族）はもとより，その配偶者や同胞が支援の網から漏れることのないように，

家族臨床の観点や手法を採り入れた取り組みが必要であることを強調したい。

3．非行少年やその家族が住む地域社会に対する援助

非行臨床の最終目標が，非行少年のリハビリテーション（社会への再統合）にあるところから，例えば，少年院などの矯正施設から出てきた非行少年とその家族が再び生活する地域へのコミュニティ心理学的アプローチが不可欠となる。その際，重要なことは地域に居住する保護司等のボランティアの役割である。非行を行う者が特別・特異なものでないこと，周囲の暖かい配慮により立ち直る可能性を明示することは，〈訓練された専門家が特殊な方法を用いて行っている〉と思われている限りは，一般には理解されないからである。わが国では，地元の住職，元校長，町工場の社長など民間の篤志家である保護司が，面接による生活指導や通学・就労への支援など保護観察と呼ばれる非行少年のリハビリテーション活動に従事しており，その意義が認められる。非行臨床において，システム論的アプローチを活用し，このようなボランティアの組織化と育成を図ることも，コミュニティ心理学を活かした地域援助として重要である。

社会的なハンディキャップを背負う非行少年ではあるが，それは"身から出た錆"であって，心身障害や不登校のように社会から支援を受けることも，「親の会」が全国的に組織されることもない。このように地域社会から白眼視され，孤立化している状況のなかで，非行少年の家庭環境から生じた被害や虐待体験，背景としての貧困なども見据えて，その実情を報告し政策提言を行うなど社会への働きかけ，いわゆるアドボカシー（adovocacy）も，臨床家の重要な責務といえるであろう。

第4節　少年非行の動向

少年非行の動向は，通常，窃盗・暴行・傷害・殺人などの刑法犯の検挙人員（触法少年の補導人員を含む）とその人口比（人口10万人当たり

非行臨床における家族支援

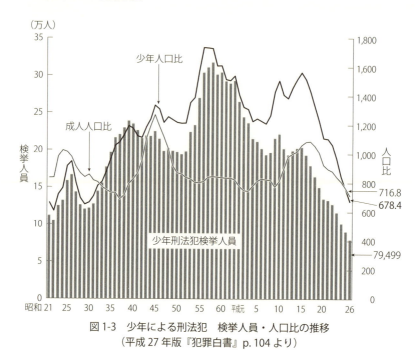

図1-3 少年による刑法犯 検挙人員・人口比の推移
（平成27年版『犯罪白書』p.104より）

の人員）の推移をみることで理解できる（図1-3参照）。平成27年版犯罪白書によると，戦後の混乱を社会的背景とする昭和26（1951）年をピーク（約16万6千人）とする第一の波，高度経済成長を背景とする昭和39年をピーク（約23万9千人）とする第二の波，現在にもつながる豊かな社会の歪みを背景とする昭和58年をピーク（約31万7千人）とする第三の波がある。昭和59年以降は，平成7（1995）年まで減少傾向にあり，その後は若干の増減を経て，16年から毎年減少し続け，平成26年については，検挙人員が79,499人で戦後最少となった。人口比も，おおむね検挙人員と同じ経過をたどり，平成26年は678.4となり，第三のピークに比べ半減以下，成人の人口比よりも低くなった点が特筆される。

刑事責任年齢に達した14歳以上の有責少年人口が，平成元（1989）年の6割に減少した事実にとどまらず，人口比もまた低下しているとこ

ろから，少年の〈反社会的行動〉の代表である非行は，量的には深刻な社会問題ではなくなりつつある。発達障害のある少年による重大非行など少年非行の質の変化，そして，不登校やひきこもりなど〈非社会的行動〉との併存が，社会の注目を集めている。例えば，文部科学省の平成26年度「児童生徒の問題行動等生徒指導上の諸問題に関する調査」においても，〈不登校になったきっかけと考えられる状況〉として，中学校では，不安など情緒的混乱，無気力，いじめを除く友人関係をめぐる問題などに続いて，あそび・非行が8.4％の割合となっているのである。

次に，直接的に家族との関わりがある非行事案である家庭内暴力についてみてみよう。警察が，少年相談や補導活動等を通じて認知した，家庭内暴力事案の統計を取り始めたのは昭和55（1980）年からである。前述の少年非行全体の動向と同じく，昭和58年に1,393件とピークに達し，その後多少の起伏を示しながらも，減少ないし横ばいを続けていた。しかしながら，少年人口が減少したにもかかわらず，平成7（1995）年からは漸増傾向に転じ，平成12年に急増して以降は1,000件を超える状態が続き，平成26年は2,091件にのぼっている。

実は，校内暴力もまったく同じ動向を示しており，家庭・学校という保護領域での甘えのもとで，親・教師という権力・権威への反発もあって，暴力という行動化に至った者が四半世紀を経て親世代となり，彼らが養育した子どもたちが中学生となって，再び同種事件を起こすという〈世代間伝達〉と考えることもできるであろう（生島，2010）。四半世紀というのは，世代の更新としては短いと感じるかもしれないが，一般的には結婚年齢が上昇しているにもかかわらず，非行臨床の対象者では，結婚の有無に関係なく若年者の出産が珍しくない（図1-4参照）。

同じく警察の統計で家庭内暴力を質的に分析すると，学齢別では，どの年次も中学生の割合が多く，平成26年は45.3％を占めている。家庭内暴力の対象は，母親が過半数を占める状態には変化はなく，平成26年では61.7％であり，父親は8.2％にすぎない。原因・動機別では，「しつけ等親の態度に反発して」が62.4％を占めており，子どもの甘えの対象であると同時に，日々のしつけを担っている母親への暴力が突出して

非行臨床における家族支援

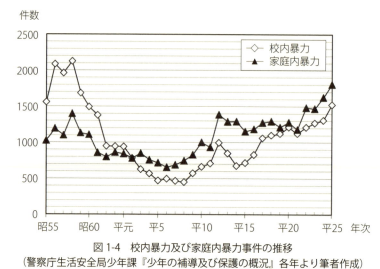

図1-4 校内暴力及び家庭内暴力事件の推移
（警察庁生活安全局少年課『少年の補導及び保護の概況』各年より筆者作成）

いることがうかがわれる結果となっている（警察庁生活安全局少年課, 2015）。

　かつては，「登校拒否型」「非行型」のように家庭内暴力を分類した時期もあったが，臨床経験では，子どもの問題行動に対処しようとする保護者の関わり，例えば，反抗心を刺激しないために「腫れ物に触る」ような対応が悪循環，ボタンの掛け違えとなり，かえって暴力をエスカレーションさせてしまった事例が目立つ。家庭内暴力が世代間伝達しないよう，子ども本人はもとより，母親，家庭への関わりが増加しつつある父親，そして，実質的養育者であることも少なくない祖父母への支援が重要である。すなわち，特定の家族関係に着目するのではない「全体としての家族支援」が不可欠であり，量的には減少する非行問題に対して，家族臨床が求められる状況が明らかとなっている。

第2章 非行臨床論の基礎と展開

第1節　非行臨床論の基礎

　非行少年の処遇に寄与する学問領域は，非行臨床の専門職である家庭裁判所調査官（少年法第9条）や保護観察官（更生保護法第31条）といった各職務の根拠法に明記されており，法学，医学，心理学，社会学，福祉学，教育学など数多くあるなかで，非行臨床論は，「心理臨床的諸活動」に軸足を置いている。臨床心理学は，従来の心理テストやカウンセリングなどに加えて，臨床心理的地域援助である「社会支援・地域支援」へと実践領域を拡大している（生島，2004）。法律で定義された少年非行という社会問題を取り扱うべく，マクロとしての社会心理学や社会福祉の観点が重視され，ミクロとしての心理臨床や精神医療のアプローチが活用される非行臨床は，司法・刑事機関による社会政策の一環であり，まさに「総合的・統合的学問領域の典型」といえるものである。

　非行臨床論の基本は，少年自身の生物体としての要因だけでなく，心理的・社会的要因など幅広く影響するものを考慮して，多元的な理解・アプローチであることに異論はないであろう。この観点から，さまざまな臨床領域の照合枠として活用されている「生物心理社会モデル（biopsychosocial model）」の考え方は，前述のような専門領域が連携し，多様な専門機関が協働する非行臨床の特質にも合致したものと考えられる（渡辺・小森，2014）。もちろん，生物・心理・社会的要因の統合化

を図ることがまさにモデル（理想）ではあっても，焦点がぼやけたアプローチとなっては臨床的には有用ではない。肝心なのは，三つの要因のどれに焦点が当てられてアプローチが展開されるかは，その時代の社会的ニーズから多大な影響を受けていることである。

　近年の非行臨床の動向を捉えて，家族支援との関連から具体的に述べたい。生物的観点からは，古典的には遺伝や知能，現在では素行障害や発達障害という精神医学的診断への注視が強まっている。精神医学の主流である「生物学的精神医学」に基づき，脳の機能不全が想定されている注意欠如／多動性障害（AD/HD）やアスペルガー障害（自閉症スペクトラム障害）といった発達障害との関連性に着目するものである（宮本・田中，2008）。その基盤には，DSMと呼ばれるアメリカ精神医学会の診断基準の流布があり，最新のDSM-5においては，「秩序破壊的・衝動制御・素行症群」との章が新設されている（American Psychiatric Association, 2013）。後述するエビデンス論の興隆とともに，遺伝や脳機能といった生物学への一層の関心が集まることは間違いないであろう。非行臨床で薬物療法が適用されることは，医療少年院で例外的に行われてきたが，一般の非行少年に破壊的行動障害や素行障害といった精神医学上の診断名が付されることにより抵抗感が薄れてきたのは事実である。だが，児童精神科医で非行問題に関心を抱く者は今も多くない（本間・小野，2009）。また，家族支援においても，発達障害等に非行の原因を外在化することはしばしば行われるが，これが他人任せとならないような家族への心理教育的アプローチが課題といえるであろう。

　心理的観点からは，強迫性が背景にある盗癖・性非行などを念頭に置いた「神経症的非行」（水島，1971），精神分析学に基づく力動的な理解，例えば，乳幼児からの母子関係に着目するWinnicott（1984）の『愛情剥奪と非行』といったものや親の離婚など個人的危機に加えて発達上の青年期危機と絡めて非行少年を理解するものがある（森，1986）。ところで，強迫性は発達障害との関連で，また，虐待との関係でも早期母子間の愛着障害が，再び注目されている（本間・小野，2008）。ほかの臨床領域と同様に，ユング派を含めた力動的アプローチ，ロジャーズ流カ

ウンセリングに加えて，認知行動療法的アプローチの拡大は顕著であるが，非行少年の自尊心の低さや家庭での居場所感の欠如は，非行臨床における大きなターゲットであることに時代的変遷はない（石川，2007）。

社会的観点からは，かつては"連続射殺魔"と呼ばれた永山則夫事件に象徴される貧困（堀川，2013），そして，怠学，不登校や中退などの学校からのドロップアウトを伴う教育からの疎外が非行との関連が強いことを実証的に明らかにしている（麦島，1990）。そして，現在では，親の学歴が子どもの意欲格差を生み（苅谷，2001），若者の希望を奪っている社会状況に焦点が当たっている（山田，2004）。非行現象もまた，ひきこもりやニートといった非社会的な問題行動との関連性が強く意識されており，家族支援において，学校や社会福祉機関等との多機関・多職種連携・協働を基本とするシステムズ・アプローチが重用される根拠となっている。

近年，精神障害，知的障害を含む発達障害の関わる非行に社会の言説が集中しており，精神医学，福祉との連携が非行臨床で強調されている（浜井・村井，2010）。法律に基づく非行臨床機関のアプローチには，人権保障の観点から期間的制限があるが，精神・発達障害は一時的なものではなく，その支援はクライエントのニーズに沿って永く継続されるべきものである。よって，支援ニーズのある限り専門的関与が制限されない精神医学・福祉のアプローチが必要となる。精神障害，発達障害のある非行少年の顕在化は，前述の「総合的・統合的学問領域の典型」としての非行臨床論の特質が，一層際立つ事態を招来させているのである。

これまで述べてきたように，非行の要因を多角的に捉える観点は，「社会問題が人々の言説によって成立する」とした社会構成主義の教唆により，さらに展開が図られることになる（森岡，2015）。人々の言説＝ナラティブによって，少年事件の諸相は「少年非行問題」として，その時代の風潮，ニーズの影響の下に構成されてきた。前述の「生物心理社会モデル」に関する記述との重複は避けたいが，戦後の非行問題として取り上げられてきた事象について，貧困や大人社会への反抗（社会的視点）⇒思春期の心の闇（心理的視点）⇒発達障害（生物的視点）の流れが，

非行臨床における家族支援

専門家の言説からも読みとれるであろう。

一方，家族問題は，家族の言説＝ナラティブによって成立するものであり，これを治療的に用いることが家族療法で実践されている（White, 2007）。すなわち，「問題とされた家族（これを IP: Identified Patient と呼ぶ）」とそれを「問題とする家族」の関係性に焦点を当てて介入するアプローチである。この観点・手法を非行臨床における家族支援に組み込んでいくとどうなるのであろうか。

家族の言説，例えば，家庭内暴力を主訴として来談した男子高校生の事例では，両親は「あまりに本人は未熟で甘えている」，本人は「自分のやりたいこと全てに親は反対する」との言説＝語りから非行問題は構成され，治療者も状況を認識する。来談する家族は，「これが問題だ」との考えに基づいて，これまでも解決策を模索してきている。本人もまた，親に警察を何度も呼ばれて捕まることは本意ではない。しかしながら，問題は深刻化するばかりで，これまでの取り組みが行き詰まったからこそ，家族・本人は臨床機関を訪れるのである。そこでは，IP とされてきた人物と臨床機関に連れてきた（あるいは，連れて来られた）家族の関係性に着目し，家族が「新たに語る＝構成する」立ち直りに向けてのストーリー作りに治療者も参画する場面が展開されることになる。

そのときに最も重要なのは，立ち直りに向けて本人・家族が動き出すための介入である。「なぜこんなことになったのか」「誰が悪いのか」，初回面接は非行の原因，悪者探しに時間がとられることが多い。その際に本人のパーソナリティや行動特性を心理テストで測定し，生育歴を尋ねることが非行臨床でも一般的に行われている。しかし，筆者が，ここで介入の指針として重視するのは，臨床場面で有用な「使い勝手の良さ」である。例えば，発達障害から由来する衝動性が要因と見いだされたとして，専門機関を受診して服薬させるのは良いが，すでに高校生となっていては，受け入れてもらえる療育プログラムを探すことは現実的ではない。かといって，家族の「本人をどこか施設に入れなくてはみんながおかしくなる」，本人の「こんな家はすぐにでも出たい」という語りも危険極まりない。危機に直面化しているにもかかわらず，久しく家族で話

し合う機会はなく，本人にしても「家族に見捨てられた」と憎しみの感情が蓄積するリスクを回避したい。まずは，家族合同面接を設定して，後述する「きちんとガタガタする」場を確保し，リスクに家族全体で向かい合う必要がある。

　この臨床場面において，家族関係の調整，折り合いをつける働きかけが，本人の立ち直りに資することにつながるのか，確信をもって治療者が語る臨床研究の成果が不可欠である。換言すれば，非行という「社会的現実」を介入ターゲットとする非行臨床において，臨床の場で語られる，アセスメント結果を含めた「事実」を介入しやすい，すなわち，治療者にとって本人の立ち直りに資する「使い勝手の良い」臨床的現実に読み替えていく力量が問われることになる。次節以降，立ち直り論として使い勝手の良さの観点から臨床研究の概略を示していきたい。

第2節　立ち直り論の基礎

　従来の非行心理学では，「なぜ非行をするのか」という原因論が重視されてきた。だが，仮に非行の原因を突き止めたとしても，過去に時間を巻き戻すことはできない。生育歴はリセットも更新もできず，パーソナリティの変容も容易ではないが，何も変わらなければ「事態の改善・緩和」が望めないわけでは決してない。非行に陥る過程と立ち直りへの道筋とは関連はするが別個のものであり，原因究明は必要だが，支援方法の探索のために不可欠ではないことを強調しておきたい。換言すれば，病理部分を探し出し，手術で除去するような「医療モデル」を範として，問題点の解消・改善を処遇指針としてきた非行臨床論からの脱却である。本節では，「非行から立ち直らせるものは何か」という観点を優先し，再非行を抑止し，非行少年の立ち直りに資する議論を中核に，家族支援に関わる重要な臨床研究を取り上げていく。

　まず，「なぜ非行を犯さないのか」に答えるHirschi（1969）の「社会的絆理論（social bond theory）」が，非行臨床の理論基盤として重要である。その著書『非行の原因』において，「社会との絆（bond）が多

い少年は非行をしない」とのアメリカの公立中学と高校生17,500人から抽出された5,500人余りの標本に対する質問調査の結果を考察している。そのなかで，非行を抑止する要因として，愛着（attachment），投資（commitment），巻き込み（involvement），規範観念（belief）の四つを挙げている。

　具体的に説明すると，成績を上げ良い仕事に就くなど，これまでやってきたことや自らへ投資してきたことを失うことへの恐れ，上昇志向への思い入れを内容とする概念である「投資」，自分の時間やエネルギーを勉強や部活動に傾注・熱中することを意味する「巻き込み」，信念・信条というほどの確固たるものではないが，自らが所属している社会や集団の規範的枠組みを受け入れる，ルールを守ることである「規範観念」に加えて，他者への情緒的なつながり「愛着」こそが，社会とつながるためには重要であるとしている。

　愛着の対象である他者とは，具体的には，親，学校や地元の仲間であるが，なかでも，親とのつながりが大事であり，「悪いことをすれば親が一体何と思うだろう」，「自分がどこで何をしているかを親は知っているだろうか」といった心理面を重要視している。そして，親子の愛着を強化するには，「自分の考えや感じ方を親と分かり合っているか」，「親と将来のことを話し会うか」などのコミュニケーションの親密さが大切だと強調している。注目されるのは，親がたとえ反社会的傾向を持っていたとしても，階層上の地位や人種にも関係なく，「少年が持つ親へのつながりが強いほど非行を犯しにくい」との実証データの分析結果を明示している点である。これは，立ち直り支援にとっては，大きなエンパワーメントになる。立ち直り＝リハビリテーションへの信念と懐疑論が錯綜し，「何もしないことが何かをすることよりましだ」という不介入主義のラベリング理論や正反対の厳罰主義の台頭が振り子のように繰り返し出現する欧米において，社会的絆を強固にするために親子間のコミュニケーションに働きかける有効性を実証的に明らかにした意義は大きいのである（Lilly et al., 2011）。

　次に，社会学的視点から，少年非行研究の古典であるGlueck夫妻

（1950）による『少年非行の解明』で用いたデータを回帰分析などの統計手法を駆使して，非行を行った少年と行わなかった少年のその後を追った Sampson らの研究が注目される（Sampson & Laub, 1993；白井ほか，2000；小林，2008）。母親の就労・家庭崩壊・両親の逸脱行為などの家庭状況が，子どものしつけや指導監督，情操面に関してどのように影響を与え，非行の出現に関連するかを実証的に明らかにしたものである。

　まず，家庭状況は，児童期に重要な影響を与えるが，子どもは異なる人生を歩む可能性を持っているという実証研究の成果をドラマやストーリーという言葉を用いて記述している。特に，彼らの論著の副題にある〈道筋：pathways〉と〈転機：turning points〉という用語選択に着目したい。ライフコースのなかで生じる出来事によって，人生の道筋が変化する，それが転機である。これらの非行経歴に関する統計的研究は，さまざまなマイナス要因を抱えた非行少年も成人後に犯罪性向の変化があり得ること，立ち直りの道筋や転機には多様な「群＝タイプ」が混在すること，つまり「一筋縄ではないこと」，そして，悪い人にも良いことは起こるし，悪いままでは終わらない可能性を示している。非行歴を重ねた者でも，成人以降に仕事への定着や結婚が「人生の転換点」となって生活が安定し，再犯が抑制されるという常識的な「臨床経験」を量的研究でも実証しているのである。

　これらの知見は，立ち直りに関する支援，特に自信を喪失し，「子どもは悪くなるばかりで，離婚などの家庭事情から生じたマイナスは取り返しがつかない」とパワーレスに陥っている子どもと親に対する「人生の道筋と転機」の可能性を教示する心理教育に不可欠な研究成果＝リソースを提供しており，その意義は高く評価できる。

　次に，非行臨床の特質として，「子ども」が介入対象である以上，発達的観点が極めて大事であり，かつ，非行が収まる，曰く「一時は悪かったけど，最近落ち着いてきたな」と表現される，不適応行動の出現から予後までのプロセスを把握する「発達精神病理学」の知見が欠かせない（Cummings et al., 2000）。

特に，従来の事例研究からではなく，多変量や時系列的データの統計的解析により，後に詳述するリスク・ファクターやプロテクティブ・ファクター，多層からなる複雑な相乗的システムの特質に由来する〈一つの原因から複数の結果に至る：multifinality〉，〈複数の原因から同じ結果に至る：equifinality〉，そして〈抵抗力の存在：resilience〉といった臨床的に有益な概念を家族環境との関係性から実証的に明らかにしている。

家族臨床に適用したものとして，同じ家庭から異なる精神的症状や問題行動が出現する，反対に，同じ症状・問題が異なる個人であるにもかかわらず多世代伝達される，そして，困難な養育環境・家庭状況であっても非行から離脱する道筋・転機は複数あることを教示する量的分析の結果は，我々実務家の質的分析による臨床研究を補強するものとなるのである。

第3節　わが国の立ち直り論

わが国では，非行から立ち直る要因を実証的に検討する基礎的なデータが乏しいことが大きなネックとなってきた。データを独占する公的な非行臨床機関は，再非行という失敗事例に接することはあっても，元来，成功事例から学ぶことは極めて難しい仕組みとなっていることはすでに述べた。例えば，最も多くの事例を扱う警察は，家庭裁判所，保護観察所，少年院などの専門機関による対処事例のうち，再非行して事件係属した少年はもとより，家族，学校からもネガティブ情報のみ得ることが多い。もちろん，非行促進的な要因（リスク・ファクター）を把握して，その逆，あるいは，反対の内容が立ち直りに資する非行抑制的な要因（プロテクティブ・ファクター）となればいいのだが，事態はそう単純ではない。

数少ないマクロ的観点からの実証的研究として，星野周弘を研究代表とする「少年のライフコースと非行経歴との関連に関する縦断的調査研究」は注目に値する（星野，2004）。この研究は，刑事責任年齢に達する中学2年生を調査対象に選び，警察に補導された289人の非行少年に

対して2年間にわたり継続的な質問紙調査及び警察記録による非行反復調査を実施している。リスク・ファクター／プロテクティブ・ファクターになり得る重要な家庭・友人・地域・学校・少年の個人特性に着目し，公立中学に在学中の一般少年をコントロール群として対比分析したものである。立ち直りに資する家族支援の観点から，非行反復のリスク・ファクター／プロテクティブ・ファクターに関する調査結果を列記しよう。

1）「家族との情緒的関係が良くない」，具体的には，父母への愛着がない・家庭が和やかでないことがリスク・ファクターであり，その逆がプロテクティブ・ファクターである。
2）「親が子どもの将来に全く期待をかけない」「親が子どもの外出先や一緒に出かける友だちのことを知らない」がリスク・ファクターであり，その逆がプロテクティブ・ファクターである。
3）「逸脱に対する母の許容性が総体的に大きい」，具体的には，怠学・校則違反・深夜帰宅・喫煙・ケンカへの許容性がリスク・ファクターであり，その逆がプロテクティブ・ファクターである。
4）「父親が暴力をふるう」「反道徳的である」「しようとすることを一方的に禁止する」といったものは，リスク・ファクターにしかならない。
5）「親が子どもの前で教師批判をする」はリスク・ファクターとして，「学業，そのほかの望ましい活動への親の称賛」はプロテクティブ・ファクターとして機能する。

　以上の結果は，家族内の葛藤や親の子どもへの無関心といったリスク・ファクターを減じ，親が子どもの努力を褒めるといったプロテクティブ・ファクターとなるような働きかけが家族臨床で実践される重要性を量的研究からも明示している。
　ところで，非行少年に対する国の社会内処遇は，保護観察（更生保護）と呼ばれ，筆者が20年余り従事していた業務である。研究機関ではない現場の制約から，そこでの臨床経験は，主に事例研究としてまとめら

れているが（杉原ほか，2011），法務省法務総合研究所においては，統計分析による実証研究が行われている。1991年3月から同年5月までの3カ月間に全国の少年院を仮退院者した1,071人を対象として，特に就労状況を中心とした特性や成り行き（再非行）を調査・分析している。その結果，転職をしないことも含め就労が重要であること，非行性の進んだ少年院仮退院者についても，家族が就労先を見つけてくれることが，その安定につながるなどの臨床経験を裏付けるデータを提供している（鈴木ほか，1992，1993）。その結果，就労という社会的絆の構築に際しても，少年本人に加えて保護者の子どもへの働きかけを引き出すアプローチが必要であることを示している。

　さらに，『平成23年版犯罪白書』では，少年院出院者（2004年1月から3月までの間に全国の少年院から出院した者全数調査，対象644人）について，これまでは少年時代に限定されていたのが，初めて25歳に達するまでの刑事処分の有無を追跡調査し，再犯の有無による比較分析，出院後の社会生活における問題点を明らかにしている。肝心の再犯状況は，実刑15.1%，執行猶予15.2%など合わせて3割以上に及び，その有無別にみると，無職者，暴力団等素行不良者との交遊がリスク・ファクターとして浮かび上がった。また，少年院における親族との面会回数や更生支援者である親の存在などが「犯罪がない期間」の長短と強く関連していることが示唆されている。少なくとも，子どもの行く末を気遣って施設面接を行う「親が見捨てない・親に見捨てられない」支援が，不良交友に「居場所」を見い出すことなく再犯のない期間を延ばす，すなわち，非行からの立ち直りにとって重要であることが分かる。

第4節　立ち直り論の展開

　近年の非行理論の展開としては，第1節で取り上げた生物心理社会モデルのなかでは，脳科学や行動遺伝学といった生物学的要因への着目，そして，第3節で取り上げた「発達精神病理学」がもとになった発達犯罪学がある。非行発生メカニズムについては，生物学的要因がフレーム

アップされ，非行からの回復・立ち直りプロセスについては，発達犯罪学の視点に基づく長期間の縦断的研究が注目されている（小林, 2008）。発達精神病理学は，人間発達の視点から，リスク・ファクター，プロテクティブ・ファクターを抽出し，「統制不全／外在化型」（注意欠如多動性，攻撃的・反社会的行動など）と「統制過剰／内在化型」（心身症状，ひきこもり，抑うつなど）に大別できる問題行動にどのように影響を与えるのか，検証するものである。前述の星野らの研究は，規模は小さいが日本のデータでの試行といえるもので，非行少年から犯罪者にならないための「継続性と変化」の検証となっている。すなわち，「今となってはどうしようもない」非行を継続させるリスク・ファクターがあっても，それを相殺し変化を生むプロテクティブ・ファクターを探ることの重要性が実証的データからも示されたのである。

　非行・犯罪に限らず，臨床実践はすべて「実証的研究によって支持されていること（empirically supported）」が至上命題となっている。5版を重ねる欧米の教科書 The Psychology of Criminal Conduct （Andrews & Bonta, 2010）において強調されるのも机上の理論だけではない，臨床経験に裏付けられた理解と研究デザインである。本節では，最新の立ち直りに関わって再犯リスク管理を強調する「リスク・ニーズ・応答性（risk-needs-responsivity: RNR）モデル」（Bonta, 2012）に加えて，これに反証する「グッドライブズ（good lives）モデル」（Ward, 2012），そして，「変化のステージ・モデル（transtheoretical model: TTM）」について取り上げる（Prochaska et al., 1994）。

1．リスク・ニーズ・応答性（risk-needs-responsivity: RNR）モデル

　非行・犯罪を減らすには，「厳格な刑罰の適用（get touch approach）」か「人間諸科学に基づく処遇プログラム」か，その組み合わせ如何が，刑事政策としての立ち直り支援の永遠のテーマであることは間違いない。例えば，犯罪者・非行少年に対する国の社会内処遇である保護観察の機能は，犯罪者の更生を目的とした《リハビリテーション機能》と社会の保護を目的とした《モニター機能》にあえて分けることができる。両者

の相克ではなく〈折り合い・塩梅〉こそが，犯罪臨床の喫緊の実践課題である（生島, 2005）。犯罪者・非行少年の社会復帰・立ち直り支援によって再犯の減少を目指す刑事司法の試行錯誤が続くなかで，次の二つの重要なパラダイム，モデル提示に注目が集まっている。

まず，カナダのBonta博士が提唱するRNRモデルは，犯罪・非行の予測要因を確定し，それを処遇のターゲットにすることで，再犯リスクを下げることを目的とするもので，実証的根拠（エビデンス）に基づくアプローチであることが強調されている（Bonta, 2012）。支援対象者である非行少年とその家族のリスク（再犯危険因子）を査定し（リスク・アセスメント），そのニードである問題誘発要因，例えば子どもの発達障害，親のアルコール・ギャンブル依存に的を絞って，対象者の動機付けや長所・短所といった応答性（responsivity）に関連する要因に焦点を当てた働きかけを行うものである。

モデルの厳格な適用は現場の制約があるにしても，この考え方は，世界各国の犯罪・非行臨床おいて採用されている。わが国でも，非行少年の再非行リスクをアセスメントするのは，家庭裁判所や少年鑑別所であり，ニーズ（問題性）をターゲットに処遇方針が立てられ，保護観察所の類型別処遇や少年院の問題性別指導などが実施されている。その際に，本人の性格や行動の特性を踏まえて，応答性を高めるために叱責だけではなく，褒めることが大切という長所を活かすアプローチをとることは，何ら特別のものではない。

しかしながら，本モデルの特徴の第一は，面接所見や臨床経験による「直感」に頼ることなく，統計学の手法を用いるリスク・ニーズのアセスメントツール，すなわち，再犯危険性評価基準の適用であり，保険数理統計を応用した評価は，従来の専門家による所見に勝るという確信が前提となっている。当然のことながら，支援の手が差し伸べられるか否かの要となる「真剣なまなざし」や「ワルだが可愛げがある」といった印象は排除される。評定リスクには，年齢・性別・非行歴など客観的な指標である「静的リスク因子（static risk factors）」と介入によって変動し得る「動的リスク因子（dynamic risk factors）」の二つがある。立ち直り

論にとっては，薬物・アルコール，交友関係，感情・人格等の事項を含む「動的リスク因子」が重視されるが，その評価項目には，例えば，家庭状況をみる「不安定・葛藤有り」や態度・志向をみる「他者の軽視・冷淡」など主観的なものも含まれている。

　また，次の三つの原則を守って，リスクレベルに応じた効果的な処遇を行うことが，RNR モデルの中核部分となっている。

1) リスク原則：誰が処遇を受けるべきかを特定するために再犯危険性＝リスクを最も重視するものである。リスクの高低に応じた処遇密度，少年の場合は約 100 時間の専門家の関与が不可欠であるとしている。
2) ニーズ原則：再非行の原因となる，自己管理の不足・他者の軽視といった反社会的人格パターンや家族・婚姻の状況など動的リスク要因を処遇上の標的とする。自尊心の低さや不安・疎外感などは「非犯罪誘発要因」として重視されない。
3) 反応性原則：クライエントの特性や置かれた状況にフィットした処遇内容や方法が選択される。実際は認知行動療法が推奨されるが，個々の対象者の長所，学習能力，動機付けなどに対応した処遇の個別化にも配慮がなされる。他方で処遇効果の維持が強調され，処遇者による創意工夫やアプローチの多様性は排除され，RNR モデルへの忠実性（integrity）が厳格に求められる。

　RNR モデルにおいて認知行動療法が推奨されるのは，「メンタルヘルス・ケアの産業化」（Prochaska & Norcross, 2007）という現代社会のニーズによるものである。具体的には，従来の精神力動的アプローチやカウンセリングに比して有効性に関する頑健なエビデンスを有することである。公的な非行臨床機関が処遇プログラムの実施を法律に基づいて，すなわち，クライエントの意思に反しても税金を使って行う以上，治療効果は治療者やクライエントが「役立っている」と体感するだけでなく，エビデンスとして明示される必要がある。そして，特定のスタッフが実

施するのではなく，組織的に導入・展開されることが可能でなくてはいけないのである。

　ここで留意すべきは，エビデンスに基づく実践とは，「実証的研究に支持された処遇（empirically supported treatments）」であるという米国心理学会の知見であろう（斎藤，2012）。当然のことであるが，特定の技法を選び立て，そのほかを排除することではなく，プログラムの有用性を不断に検証する臨床家の姿勢の重要性を強調したものと筆者は理解している。

　また，非行・犯罪臨床で適用するには，一部のスタッフによる試行ではなく，組織的展開が必要不可欠となる。わが国でも，性犯罪者や覚せい剤事案などに法律で基づいた処遇プログラムが実施されているが，その際，認知行動療法が選択されているのは，有用性が数字で示されて対外的に説明責任が果たしやすいこと，そして，組織的に展開するために多くの職員が習得できる内容であることが考慮されているからである。決して，認知行動療法はたやすい技法ではないが，マニュアル化したテキストが職員に，そして，ワークブックとして対象者に渡すことができるという利点は大きい。反面，未熟なスタッフにより実施されれば，マニュアルどおりの問答が形式的に繰り返されるリスクがあり，スーパービジョン体制の整備が重要である。また，少年院などの矯正施設を典型として，治療者が権力を持つ非行臨床機関においては，リスク・マネジメントを伴う処遇プログラムが施設内の問題行動抑止のための施設管理に陥るリスクがあることには十分な内省が不可欠であろう。特に最近は，前述した非行臨床家としての「ダブル・ロール」に無自覚な職員が多くなっていないか，筆者はリスクを感じている。非行臨床が目的とするのは，的確な問題性把握の上にたつ支援必要性であり，それもあくまでクライエントの支援ニーズに基づく，自己リスク管理であるという基本を我々は再認識しなくてはいけない。

2．グッドライブズ（good lives）・モデル

　ニュージーランドの Ward 博士らが提唱する「グッドライブズ（good

lives)・モデル」である。これは，非行少年・犯罪者自身の「立ち直る力」が重要であるとするもので，対象者の問題点やリスクではなく，長所に焦点を当てることを特徴としている（Ward, 2012，浦田，2013）。臨床心理にとどまらず，教育や福祉などでも採用されてきた，ある意味クラシカルなアプローチである。

　グッドライブズ・モデルでは，自立性と自己支配・内面的な平和・友情／関係性・コミュニティといった11の人間の基本財を想定している。自立性とは行為主体性であり，友情と関係性とは親密な友人や家族関係を意味するものだが，極めて抽象的な概念である。日常生活において，これらの基本財を有していることが人間にとって意義深く，その獲得を支援することにより再犯リスクの〈自己〉管理につながると主張している。

　社会の耳目が集まり，最も再犯リスクが問題視される性犯罪者処遇から生まれたモデルであり，RNRモデルに基づく処遇からの脱落（ドロップアウト）の多さへの改善モデルとして登場している。その中核的な主張は，「犯罪者にも償いと和解のチャンスを得る権利がある」とする理念である。つまり，RNRモデルが，再犯リスクの他者管理の技術を明示したものであるのに対して，グッドライブズ・モデルは，「自分に価値を見いだし，自分の人生は生きる価値があり，自分の行動にやりがいがある」という接近目標と自己管理を重視している。すなわち，アプローチを明示した犯罪・非行臨床モデルというよりは，犯罪者処遇における人間観，哲学レベルの議論である。その内容も，長所基盤に拠って立つ，クライエントに肯定的・協働的アプローチというのが特徴的である。「性」という人間の最も隠された行為の外側からの管理偏重だけでは，治療からのドロップアウトの多さなど限界が生じる。そこで，「グッドライフ（より良き人生）の追求」という肯定的な目標を導入して，自己管理させるアプローチの必要性が再認識されたのであろう。「○○はさせない」といった禁止と回避ではなく，「○○を目標に頑張れ」という前向きなアプローチは，クライエントはもとより，治療者の動機付けも高めるものとなるからである。

　筆者らが主導して2012年に創立した日本更生保護学会の設立記念大

会には，このモデルの創始者である Ward 博士を招くことができた。わが国では立ち直りのことを「更生」というが，この二つの漢字を一文字にすると「甦り」になる。「犯罪で"死にかけた人生"から"より良き人生"に生きかえる」支援を行うグッドライブズ・モデルは，立ち直り支援に従事する保護司など更生保護関係者の共感を得たものとなった。しかし，現実のアプローチとしては，極めて煩瑣であり，クライエントはよほど強い動機付けをもって，能力も高く，膨大な課題をやり遂げる根気が必要である。そのワークブックが刊行されているが（Yates & Prescott, 2011），「虐待を支持するスキーマ（枠組み）は，どの程度，あなたの日常生活に影響を及ぼしていますか」，「犯行当時，友情を得ようとすることは，あなたの人生の問題とどんな風に関係していますか」といった難渋な問いに数百問も答えなければいけない。哲学的な問いかけを生活上の課題に翻訳する処遇者の能力がポイントになる。さらには，非行・犯罪臨床は刑事政策という税金を使う公的な営みである以上，犯罪被害者を含めた社会からの賛同が不可欠であり，加害者の「より良き人生」を強調したアプローチへの支持が得られるものか考慮を要するであろう。被害者支援策の充実が，非行・犯罪臨床の展開には必要不可欠であるとしても，それでこのような積極的加害者支援が社会的に認容されるか吟味が必要である。

振り返って，非行臨床においては，少年法の基本理念である「少年の可塑性（改善可能性）」が立ち直り論の唯一の支柱であった（澤登, 2011）。社会への説得力あるアピールのためには，エビデンスの重視により処遇効果を示すことに長けた RNR モデルは大きな武器となる。さらには，クライエントや処遇者自身の「役立っている」という支援の体感も不可欠であり，更生可能性を信じるグッドライブズ・モデルが非行臨床にエンパワーメントを与えることは間違いない。

3．変化のステージ・モデル（transtheoretical model: TTM）

犯罪・非行からの立ち直りのプロセスは，一直線でも，一歩一歩上に昇る階段状でもないことは，前述の Sampson ら（1993）の実証研究か

らも明らかとなっている。行ったり来たり，紆余曲折，ときにしくじり・失敗・再犯も重ね，円環というか，ブーメランの上下する航跡のような経過をたどることは，臨床家であれば誰でも首肯する現実であろう。それを理論的に実証してみせたのが，多理論統合的分析で知られるProchaskaである（Prochaska & Norcross, 2007）。まず，彼は，精神分析，実存療法，パーソンセンタード療法，ゲシュタルト療法，行動療法，認知療法，システム療法，構成主義的療法（ソリューション・フォーカスト，ナラティブ療法）など主要な心理療法を概観し，それぞれのアプローチについて的確に有効性を明示している。例えば，システム療法（システムズ・アプローチ）において，非行の精神医学的診断名である「素行（行為）障害」に対して有効性を実証しているのは，後述する「マルチシステミック・セラピー（multisystemic therapy: MST）」と「機能的家族療法（functional family therapy: FFT）」であり，それらの費用効率も高いとした。

　次に，Prochaskaは，前述の代表的な心理療法の優れた技法を比較，分析した結果として「多理論統合モデル」を提唱している。このモデルは，心理療法の多くが，パーソナリティ理論や精神病理に基づき「何を変えるか」に焦点を当てているのに対して，変化のプロセスである「どのように変えるか」に着目している。実証的に支持されている変化のプロセスとしては，意識化・カタルシス（浄化）・自己や環境の再評価，自己の解放・援助関係などを挙げ，変化のステージとしては，次の五つの連続したステージを提示している。

1）前熟考期（precontemplation）
　自分の問題に気づいておらず，当面行動を変えようという意思を持っていない,問題を見つめることへの抵抗が特徴的な段階。非行・犯罪の場合は，「治療的動機付け」に乏しいといわれているが,「悩みを抱えられない」状態でもある。
2）熟考期（contemplation）
　問題があることに気づき，改善・克服しようと考えてはいるが,

行動に移すと未だ決意するには至っていない段階。スモール・ステップの行動実践が次のステージに導くというが，何年間もこの段階に止まっている者が少なくないことも事実である。

3）準備期（preparation）

新たな行動を起こそうとしている。例えば，煙草の本数は減らしてはいるが，禁煙とまでは行っていない段階。自主的な自己規制は始めているので，行動変化のための変化のプロセスにはすでに取り組んでいることは間違いない。

4）実行期（action）

問題克服のために行動や環境を変化させようとする行動が認められ，時間とエネルギーの傾注が必要であり，非常な努力が払われることが特徴的な段階。しかし，「変化」が完遂したのではなく，後戻りに備えた行動の準備や必要な努力は見落とされがちである。

5）維持期（maintenance）

行動の変化を強固なものにする期間で，途中，変化もあり，生涯続くと考えられる段階。行動変化を安定させて，逆戻りを避けるのが特徴的だが，問題行動に代わる新しい望ましい行動が出現することもあり，「変化のない」時期ではないことに留意したい。

そして，肝心なのが，これまで述べたステージ間の逆戻り（再発）や繰り返しが，行動の変化の際には起こるという事実である。この「変化のステージ・モデル（transtheoretical model: TTM）」によるアプローチは，アルコールや薬物依存の治療だけではなく（Velasquez et al., 2001），性犯罪等でも成果が認められており（妹尾，2007），非行・犯罪臨床一般で実証されている立ち直りプロセスといえるだろう。彼は，実際どのように人は変化のステージを進んでいるのかを模式的に螺旋パターンで図示している（図2-1参照）。このパターンでは，逆戻りする人のほとんどが堂々めぐりを繰り返すわけではないことや，前熟考期といった最初の行動変化のステージまで逆行するわけではないことが明らかにされている。それどころか，逆戻りした人は紆余曲折を経ながらも，間違いや

第 2 章 ❖ 非行臨床論の基礎と展開

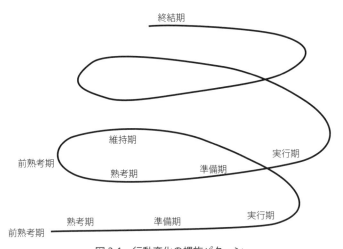

図 2-1　行動変化の螺旋パターン
（出典：Prochaska & Norcross（2007）『心理療法の諸システム』p.576）

失敗から学ぶ可能性を広げて，何か違うことを試みることができるようになることが指摘されている。

　さらに注目したいのは，変化のステージとプロセスの統合を図り，例えば，熟考期には自己や環境の再評価，実行期には望ましい行動を強化する（その反対には消去し罰を与える）随伴性マネジメントや刺激コントロールなどが有効として心理療法の統合を試みている点である。実際の臨床場面では，クライエントはもとより，治療者とのマッチングあるいは適合性からアプローチが選択されるのであろう。事例研究をする上で，変化のステージを描くのに，「"逆戻り"があっても"堂々めぐり"はさせない」という意識のもと，螺旋形パターンを援用できる意義は高く評価されるものである（図 2-1 参照）。

　非行臨床家であれば，非行からの立ち直りの過程で，逆戻り（再発）を含めた紆余曲折が不可避であることを痛感している。発達の過程を含めて，その間の「時間稼ぎ」を実質的に保障するものとして，子どもが親を見くびらない，親が子どもを見限らない支援を第一義とする多様なアプローチを統合した家族臨床の重要性は明らかである。

第3章

家族臨床の実践理論と方法
：システムズ・アプローチ

第1節　家族臨床の実践理論

　家族への働きかけを行う家族臨床のための専門的技法が〈家族療法〉と呼ばれるもので，その理論的基盤を提供するのが〈家族システム論〉，それに基づく実践が〈システムズ・アプローチ〉である。

　多種多様なシステム全般を説明しようとするBertalanffy（1968）の『一般システム理論』は，人間といった生物，集団としての家族，そして，学校，地域社会，国家という巨大組織に至るまで共通の特性があることを理論化した。そのことにより，生物学における有機体論が，精神医学，心理学をはじめ社会学，政治学がカバーする多方面の領域に影響を与える道筋を開いた。症状や問題行動のある特定の家族員ではなく，その改善のために家族全体を視野に入れていく問題意識が臨床実践のなかで浮上し，家族全体をシステムとして捉える観点が生じた。家族をシステムとして捉えることにより，他領域のシステムに関する知見を活用する使い勝手が生まれ，家族療法の発展のために不可欠となったのである。その要点は，①家族の一部の変化が全体に影響する「全体性」，②各家族員のデータを単に足しても家族全体は分からない「非総和性」，③多様な状態・環境からでも同じ症状・問題が生まれる「等結果性」，反対に同じ状態・環境から異なる症状・問題が生じる「多結果性」，④家族の問題は原因が特定されないとする「円環的因果律」である（日本家族研

究・家族療法学会，2013)。

　このような認識は，ある特定のシステムに適用できる理論が，ほかのシステムにもあてはまるという「アイソモーフィズム (isomorphism)」の考えであり，個人や社会システムに関する研究成果が，家族システムにも活用される理論的基盤を提供したものである（遊佐，1984)。アイソモーフィズムに則れば，多様なレベルのシステム論の成果を援用し，ちょうど，人体の血流を家族コミュニケーションの流れと見なして，動脈硬化対策を家族関係の硬直化を緩和するアプローチに例えてクライエント家族とやり取りする。このようなメタファーを臨床的に活用する便法，使い勝手の良い用語として，システムや見立てをはじめとする言葉遣いが意図的に選択されているのである。

　ここで，「家族システム」の意味するところを再確認しておきたい。なにも家族システムという実相があるわけではない。それは，家族をシステムと仮定する，見なすことができれば，いや，あえて「見なす」ことが臨床実践上有用だと考えることである。家族をシステムとして捉えることにより，家族員個人から「家族システム」へと視野が拡大し，症状・問題も個体の「異常」からシステムの「機能不全・障害」との認識に変わり，個人の治療から家族システムに働きかけるという発想が生まれてくるのである（鈴木，1983)。留意すべきは，システム論に基づく家族理解も，治療者はもとより，クライエントや家族にも有用な認識を提供しなくては意味がないという点である。例えば，介入の前提となるアセスメント，それに基づく見立てといった家族理解も，あくまで臨床に有用な主観的因果論によるものである。その際に肝心なのは，家族理解や見立てという用語で説明される解釈やアセスメントが，特定の理論によって治療者の理解を深めるだけでは不十分であり，クライエント・家族にとって「腑に落ちる」もの，そして，彼らの治療的動機付けを高めるものでなくてはいけないのである。

1．家族システム論に基づくシステムズ・アプローチ

　家族の基本構造は，世代間境界のある階層化されたシステムが織りな

す多層構造であるという家族システム論に基づくシステムズ・アプローチを理解するのに有用な図がある（遊佐，1984）。

　これをみると，生物体システムが開放システムであるという特性，種々のシステムが階層関係を持つことが分かる。一次元下位のシステム，すなわち，「F：社会システム」にとって「E：機構システム」が，同様に「E：機構システム」にとって「D：集団システム」が，それぞれの「サブシステム」と呼ばれる。反対に，EにとってFが，また，DにとってEが「上位（スプラ）システム」となる。家族システムも個人システム同様に，内外の多くのシステムと関わりを持つ〈開放システム〉である。家族は，サブシステムである各家族員としての個人システムとの関わりから成立し，祖父母－親－子の世代間境界が存在する。さらに，家族システムは，そのスプラシステムである機構・社会システム，つまり家族を取り巻く「環境システム（エコシステム）」の影響を強く受けることが理解されるのである。

　この開放システムの特性を本論のテーマである非行問題に適用してみよう。つまり，子どもの非行化という問題は，子どものパーソナリティという個人システム内の事象でも，母子関係の歪みという家族システム内の事象でも，さらには，学校からの落ちこぼれを生み出す〈格差社会〉という機構システム内にとどまる事象でもないと見立てる。まさに，バイオサイコソーシャル・モデルの理解により，生物的・心理的・社会的事象と分割するのではなく，総合的なものと認識して介入対象にしていくのである。換言すれば，家族員個人のシステムの問題性，家族システムの機能不全への着目，あるいは，社会システムの歪みといった固定的な観点に立つものではないということである。

　家族臨床とは，家族システムへの介入を行うアプローチである。それは，現実の臨床場面で，個人システムへの介入であるパーソナリティ障害の治療や社会システムへの介入である学校に対する働きかけよりも，家族システムへの介入が，「この事例では得策」と臨床的に見立てたことを意味している。この方針は，家族システムへの介入による家庭での居場所感の回復が心身の安定につながり，その結果，学校での適応も向上

第 3 章 ❖ 家族臨床の実践理論と方法：システムズ・アプローチ

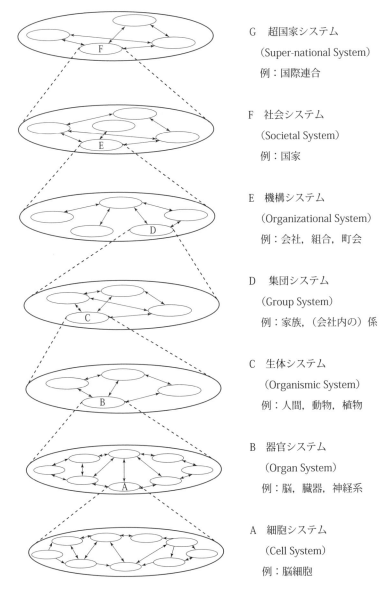

図 3-1　Miller, J.G. による生物システムの七つのレベル（出典：遊佐（1984）『家族療法入門—システムズ・アプローチの理論と実際』p.32 を一部改変）

するという，開放システムの特質が活かされることへの着目といってよい。もちろん，逆方向のアプローチもあって，すなわち，フリースクールを活用するといった方策が学生生活での適応を向上させ，親との葛藤も減って家庭内の居場所感が増し，心身の安定にもつながるのである。家族臨床では，このような開放システムの特質である「すべてのシステムが関与している」という，より広いコンテクスト（文脈）を重視する認識論が採用される。後述されるマルチシステミック・セラピーにおいては，家族システムの上位にある学校や地域社会の NPO が運営する子育てプログラムといった「社会環境システム」を治療の視野に入れる生態学的（エコロジカル）なアプローチとして，この認識論が展開していくのである。

　すなわち，システムズ・アプローチの特徴は，家族はもとより，クライエント・家族・処遇者で構成される臨床場面，介入対象となる拡大家族・学校・職場・地域社会，処遇者の所属する組織，その活動を規定する法律を含めた社会システムを広く念頭に置いて，アイソモーフィズムの知見を活かすことで，症状や問題行動の改善を図ることに最大の特徴がある（吉川，1993）。

　繰り返しになるが，これまで述べてきたような階層関係を持つ多様なシステムへの介入は，ズームアップ的視点と俯瞰的視点を自在に操作する柔軟で〈使い勝手の良さ〉を優先する援助姿勢を引き出すものとなり，これこそがシステムズ・アプローチの根幹といってよいであろう。臨床家の拠って立つ理論的立場，あるいは，臨床家の所属する組織のニーズを優先して援助方針・技法が選定されるのでなく，あくまでクライエントとその家族の支援ニーズによって，臨床システム・手法が構築・選定されるという処遇理念が基本となっていることを強調したい。

2．階層性，恒常性，そして，円環的認識論へ

　Hoffman（1981）は，膨大な家族研究，臨床実践を踏まえて，家族療法の全体像を明らかにしようとしたが，家族臨床の基礎理論を構成するものとして，いくつかの重要なファクターをシステム論の観点から説明

している。第一は，**階層性**（hierarchy）への着目である。家族は，個々の家族員である個人システム，祖父母・両親・子どもの世代別システムといったサブシステムから構成されており，それぞれのサブシステムには世代間の境界（boundary）があって，階層性をなしている。同様に，家族システムは，より大きな地域社会システムの一構成部分であり，個人システムは，学校，職場システムといったより大きな社会システムと階層的につながっていることは，前掲の「生物システムの七つのレベル」図からも理解できるものである。非行臨床では，主要な介入ポイントが，親，あるいは，教師等大人による子どもの行動のコントロール不能であることが多いが，この階層性は極めて有益な着眼点となる。親と子どもの階層性の確立，すなわち，世代間境界の明瞭化による機能的な親子関係の再構築こそが，非行臨床では最優先課題となるのである（Minuchin et al., 1967）。

　さらに，非行臨床では，公的機関の関与が一般であり，治療システムにおける「階層性」が問題となる。従来の心理臨床では，ロジャーズ流の非指示的カウンセリングが主流だったこともあって，治療関係は対等であることが前提であり，治療者とクライエント間にある階層性は，「上から目線」につながるもので非治療的といわれてきた（岩井，1986）。ケースワークにおいても同様で，非行・犯罪臨床などは「権力的な場におけるケースワーク」と異端視されてきた時代が長く続いた。しかしながら，近年は，児童虐待を行った親への対応など，権力的な場における治療的アプローチが不可欠である臨床対象が拡大しており，ようやく，治療者の所属する治療システムへも臨床的関心が向いてきたといえよう。このときに，治療者の権力性や権威を含む階層性を臨床的に活用する観点を持つ家族療法は，極めて有用なものであった。本論では，筆者が所属していた保護観察所という職場システムの階層性，具体的には，保護観察官と保護司の協働態勢という更生保護臨床システムに関して，その階層性を治療的に論じた臨床研究を第 4 章で試みている。

　これまで述べてきた「階層性」の概念を家族システム内の親子関係，社会システム内の構成要素の一つである家族システムと地域社会システ

ムとの関係性，そして，治療システム内の治療者－クライエント関係などに敷衍して理解することこそが，前述の「ある特定のシステムに適用できる理論はほかのシステムにもあてはまる」というアイソモーフィズムの妙味といえるであろう。

　二つ目は，システムの基本機能である制御としての恒常性，すなわち，**ホメオスタシス（homeostasis）**である。有機体の内的環境の一貫性を維持，均衡を図るもので，人体の内分泌系をイメージすれば分かりやすいが，家族システムの場合は，家族員の現状維持から家庭崩壊の阻止までを含む"不変を目論む一切の動き"ということになる。具体例としては，子どもの問題行動が両親の危機的な夫婦関係をつなぎ止める，「子どもが大変なときに両親は仮面夫婦でもやっていくしかない」状況がある。さらに，システムの変化を促されることへの「治療抵抗」として専門機関のアプローチを拒絶すること，非行事例に典型的な「バラバラな家族」，不登校・ひきこもり・家庭内暴力事案にありがちな「筆談でしか家族がコミュニケートできない状態」さえも問題に直面化しない，あるいは，回避することで家庭崩壊を抑止するホメオスタシス機能として理解できるであろう。

　関連して，「フィードバック・ループ」という制御機制の認識が，「物事が連関する」，さらには，「問題事象にはプラス・マイナス両面もある」といったシステム論に基づく非行理解として重要である。プラス・マイナス面が併存しているために，ある種の均衡をもたらすフィードバック・ループの一例を示そう。子どもの不登校で母親が体調を壊し，その面倒を父親がみるという悪循環（マイナス面）の一方で，不仲の両親関係の崩壊を抑制する側面もあることから，子どもの不登校は家族システムの維持に消極的に寄与している（プラス面）に思い至ることが必要である。反対に，子どもの非行化⇒両親間の葛藤増大⇒両親の離婚⇒子どもの自立といった変化を次々と引き起こしていくフィードバック・ループとなる場合もある。これは，前述の「同じ状態・環境から異なる症状・問題が生じる"多結果性"」の例でもある。ただし，離婚や自立といった結果も時間の経過とともに一方向で起こるわけではなく，子どもの再非行

やほかの家族員の精神症状の出現など後戻り・再発，さらには問題・症状の拡大という反対方向や多方向の変化も起こるという臨床的事実を踏まえておくことが肝要である。第2章で述べた「行動変化の螺旋パターン」をシステム論から説明するものであり，後述する「時間稼ぎ」の必要性を裏付けるものでもある。

　三つ目は，フィードバック・ループの考え方から由来する**円環的認識論**である。統計的手法を駆使してエビデンスを実証するときに，原因（もちろん複数のこともある）からある結果が生じるという「直線的因果律」が基本認識となってものごとを理解している。しかし，システム論的理解では，原因と結果が連鎖していると仮定するのである。例えば，両親間の不仲⇔子どもの非行化といった二項間を直線的因果律による理解でなく，両親の不仲⇒母親は子どもを取り込んで父親と対抗⇒家庭の葛藤を回避して子どもは夜遊びに耽る⇒不良交友から薬物へ逃避⇒母親は心配で過干渉⇒父は母の養育態度を非難⇒両親の不仲といった悪循環のフィードバック・ループが作られると「見立てる」のである（生島，1993）。直線的因果律に基づく，特定の原因⇒結果という因果関係の正否ではなく，あくまで，非行理解の一方法として円環的認識論を採用し，このようなフィードバック・ループが認められるとする見立てである。このような円環的理解が，特定の家族員や家族関係を病理（悪玉）と見なさないアプローチを創成し，家族システム全体を支えるという家族臨床に不可欠な処遇者の姿勢を生む「非行・家族の理解」となる（図3-2参照）。

　いずれにしろ，家族システムが実態あるものと見なして，その形式的な変化，例えば折り合いの悪い両親の離婚によって，子どもの非行を改善・消失させることが理論上は説明できても，現実的な介入指針とはなり得ない。非行の要因に両親間の葛藤があるのは明らかでも，子どもの問題で来談している両親に，仮に夫婦療法を提案すれば拒絶されることが大方であろう。一臨床家，それも公的機関に属しているならば，関与できる期間・回数は法的にも限定され，まして，根本的な家族システムの変化として離婚を勧めることはできない。繰り返しになるが，家族システム論は，特定の家族関係に介入するための根拠となる実態論ではな

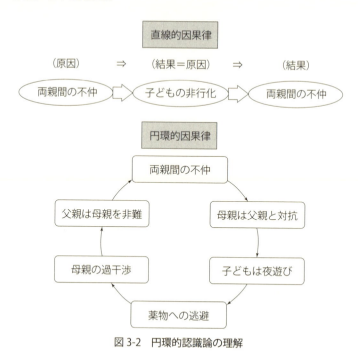

図3-2 円環的認識論の理解

く，あくまでこれまで述べてきたシステム論を臨床的に活用する「使い勝手の良い」実践のための認識論であることがポイントである。

3．遊離・もつれた家族，家族内外の〈境界〉

システムズ・アプローチを非行問題に適用して，その成果を世に知らしめたのが，Minuchin（1974）の構築した「構造的家族療法（structured family therapy）」である。彼は，ニューヨークの非行児を収容する私立施設での臨床経験からこのアプローチを創始した。親の児童思春期にある子どもに対するコントロール機能を重視し，親子の世代間境界を明確化するべく具体的で明快な〈介入〉と称する働きかけは，非行臨床の現場で極めて使い勝手が良いものであった。彼自身は，後に拒食症ケースへの家族治療で発展させた家族への介入方策を「構造的家族療法」として結実させたが（Minuchin & Fishman, 1981），本論のテーマである非

第3章 ❖ 家族臨床の実践理論と方法：システムズ・アプローチ

行臨床に立ち戻って，その重要概念である遊離・もつれた家族，家族内外の境界について，筆者の臨床経験をもとに詳述する。

（1）〈遊離家族〉，〈もつれた家族〉，その併存

非行少年の家族特徴として，「遊離（disengagement）」が概念化されている。互いにバラバラであるために子どもは放任され，監護機能・意欲ともに低く，家族援助に対する動機付けも乏しい家族である。一方，心身症ケースでは，「もつれた（enmeshment）」家族が特徴的であるとした。家族関係が錯綜し，子どもとの関わりは形式的には濃密な関わりとなっており，専門機関を訪れる治療的動機付けも高く，ときに重大な非行事件でもみられるものである。

遊離した家族には，治療者の権力・権威性を活用して，家族を面接に招集すること，具体的には，周辺的に位置する父親に命じて家族の都合を取りまとめさせること自体が有効な介入となる。公的機関では「出頭指示」により，クリニックや大学附属の相談室では，電話受理の段階で合同家族面接をきちんと提案する，あるいは，葛藤関係にある母親を介さずに直接父親に来談を呼びかけるといった工夫が使える。

"家族喰い"とまで称された角田美代子を主犯とする「尼崎連続殺人事件」は極端としても（小野，2013），家族内の殺人や暴力事件の多くは，もつれた関係が特徴的である。あるいは，遊離ともつれた関係が併存する家族も少なくない。両親の離婚により実父母とは形式的に遊離していても，残ったひとり親や去って行った親の祖父母とは，心理的には錯綜しながらも強固な結びつきが併存している。このような家族に対して援助を行うに際して注意すべきは，本人との結びつきが強いひとり親などの表層的な協力は得られるかもしれないが，特定の家族へアプローチを行うと，ほかの家族員の変化に対する目に見えない抵抗が起こりがちな点である。

臨床現場ではありがちだが，〈もつれた家族〉の治療に積極的な母親の求めるまま母子合同面接を継続しても，父親役割を面接者が引き受けるだけで効果がないか，かえって，父親のパワーダウンとなるリスクには配意が必要である。また，せっかく実現した〈遊離家族〉への働きかけ

としての合同家族面接が，現実の家族状況の引き写しとならないような配意が不可欠となる。変化を目指すのであるから，父親や実家の両親を面接に参画させて家族力動にインパクトを与える。あるいは，面接時の介入や面接後の課題が，家庭内ではこれまでみられなかった家族の言動・交流を誘発させるようなサプライズを伴う働きかけが有用である。構造的家族療法が多用する，家族間の距離を修正するシートチェンジ（面接時の座席位置の変更）は，遊離，あるいは，もつれた家族間のコミュニケーションに介入する最も直截的な手法として使われるものである。

（2）家族内・家族外の〈境界〉

　家族内の家族員間，そして，世代間の境界が重要である。境界とは，システムの区切り線を平面図で例えたメタファーであり，これを"立体図"的に上下関係を構造的に表現すれば前述の階層性といったメタファーとなる。家族内境界が欠如している状態では，非行のある子どもが，親のコントロールから逸脱してしまうために親機能が喪失する。反対に，硬直化すると，家族間，特に世代を超えた交流が乏しくなり，家族間での相互サポートが失われ，家族全体の機能低下につながる。祖父母の適切な孫の子守は良いとして，親をさしおいて，養育場面にしゃしゃり出るというのは機能不全を招く事態となるのである。

　一方，家族外の境界とは，自分とほかとの家庭とが違うこと，すなわち「うちはうち，よそはよそ」であり，それぞれに事情があることを認識することを意味する。この境界があいまいになると，子どもの不良な友人が勝手に家に上がり込み，反対にたまり場となっている友人宅に無断外泊を続ける事態となる。また，門限や小遣いなどが「うちはよそと違う」ことを受け入れず，親のコントロール力が失われてしまう。さらには，〈多問題家庭〉のケースによく見られるが，熱意溢れる教師や専門機関が，「子どもを救え」とばかりに積極的にアプローチするのはいいが，問題性のある親が依存的，さらには，無力化してしまうおそれもある。反対に，境界が硬直化している状態は，子どもが問題を抱えていても専門機関に援助を求めないために支援が届かない事案にみられる。子どもの問題行動が警察沙汰にならないよう，あるいは，家庭裁判所で軽

い処分で済むよう必死になる親などが典型例である。

　援助のポイントは，うまく他人にSOSを出せない，あるいは，他人任せとなって親の機能性が失われることなく，家族としてのまとまりが回復するように，心理的な敷居というべき適度な境界の再生を図ることである。面接者による両親への肩入れが基本だが，両親のパワー欠如が甚だしい場合は，おじ・おば，いとこなど拡大家族にリソースを求める，そして，「あえて大事（おおごと）にする」ために専門機関を活用することも必要となる。特に，家族外境界が硬直化している，ひきこもり傾向のある家庭内暴力事例では，専門機関につながるまでに家族を「開放システム」として賦活化させるべく，外部からの積極的な働きかけが求められることになる。

第2節　家族臨床の方法

　これから取り上げる家族臨床の方法は，必ずしも筆者と同じ理解に立つものではないが，エビデンスが欧米で実証されている手法として学ぶべきものは多く，その概要を米国のニューヨーク及びボストン市での非行問題を取り扱う家族臨床機関に対する筆者の実地調査も踏まえて紹介する。なお，欧米の臨床プログラムは，大学や臨床研究機関での臨床研究として始まり，効果が実証されれば，治療技法，訓練方法，スーパービジョンなどが包括されたパッケージとなって，事業化されるのが一般的である。後述するマルチシステミック・セラピーが典型であるが，刑事司法機関や地方自治体の児童青少年家庭福祉部局といった公的機関とライセンス契約を結び，スタッフの研修，スーパービジョン，治療技法の実施地域やクライエントの特性に合わせた修正，そして，組織運営のノウハウ提供までも請け負うのである。刑事司法機関など関連部局の担当者は，何百もあるプログラムのなかから，今年は何人のクライエントをどのプログラムに業務委託するか，その判断材料となるのが，費用対効果，すなわちエビデンスである。費用削減のためには，博士号を持つ臨床心理士よりも修士号を持つソーシャルワーカー，さらには大学院生

を臨床訓練も兼ねて使う方が有利であるという文献には記されていない実態があり，我々の実地調査の意味もそこにある。

1．ペアレント・マネジメント・トレーニング

ペアレント・マネジメント・トレーニングは，行動療法に基づくアプローチであり，厳密にいえば，システムズ・アプローチとは異なる。しかしながら，発達障害に関わる有用な家族支援として注目されており，非行臨床においても発達障害のある子どもの非行に社会の耳目が集まっていることから，まず，取り上げたい。

子どもの問題行動に対する全ての心理社会的治療において，アプローチ選択の重要なファクターとして，クライエントである子どもの年齢，治療効果の般化（generalization），そして，問題・症状の重大・重症度と広汎性が取り上げられることが多い（Connor, 2002）。ペアレント・マネジメント・トレーニングも，これらのファクターに沿って述べていきたい。

（1）年齢

早発性，例えば，小学生以前からの非行への対策はどうするか。早期の専門機関の介入，例えばリスク・アセスメントが，モニター（監視）に終わることなく，児童相談所等での家庭全般への支援につながれば，大きな改善が見込まれるであろう。家族臨床としては，前思春期の子どもの事案では，一般的に親への行動的介入の社会学習モデルに基づくアプローチであるペアレント・マネジメントの手法が選択される。

さまざまなタイプのペアレント・マネジメント・トレーニングがあるが，Patterson（1982）の反社会的・攻撃的行動の発生に関する「強圧的家族過程（coercive family process）」が有名である。具体的には，親が子どもの嫌がることを強圧的に命じると，子どもは反抗的，攻撃的行動で抵抗する。これが繰り返されると，二つの負の連鎖が強化される。一つは，子どもが攻撃的行動に出れば，嫌な課題から逃れられることになる連鎖である。もう一つは，親が怒鳴ったり，体罰を与えたりすれば一時的に子どもを従わせられる連鎖である。いずれも望ましくない行動を

学習することになり，子どもは攻撃的行動でわがままが通ることを習得し，親は虐待をしつけと称して用いるようになるリスクにつながる。

このような子どもの反抗的・攻撃的行動が，発達に伴って，非行，あるいは，素行（行為）障害と呼ばれるものに深刻化することは容易に想像できるものである。予防的意味から，前思春期の子どもに対する家族介入として，

1）子どもではなく，親への治療という形で行われ，親が子どもへの新しい対処手法を習得する。
2）問題行動にとらわれている親の適切な社会的行動を強化するために，問題行動を抑制する軽い罰を与え，譲歩を話し合う養育行動を指導する。
3）社会学習理論に基づき，子どもの良い行動に関心を向けて褒める，明確で一貫した教示的な指示，タイムアウト，モデリング，行動リハーサルなどの手法が積極的に使用される。

などを特徴とする。ペアレント・マネジメント・トレーニングは，効果の実証されたアプローチとされているが，適用年齢は，2〜12歳であり，年長児ほど治療からの脱落が多いことが指摘されている（Kazdin, 2005）。思春期以降は，後述する構造的家族療法などが適用されることが多い。

（2）治療効果の般化（generalization）

治療効果が，面接室にとどまらず，家庭，そして，学校生活に波及することは不可欠である。また，親の行動変化があるのなら，クライエント以外のきょうだいへも良い影響が出ること，複数の問題行動があるならそれらも改善し，両親の夫婦関係も改善することが期待される。しかし，現実には，行動療法の理論どおりに「般化」が認められないのが臨床的事実である。子どもの問題行動には，錯綜した要因があり，それは，面接室，家庭，学校，それぞれに異なるのは自明である。さらに，発達段階に応じて，新たな要因，例えば，不良交友などが加わり，治療効果

の維持期間も限定されるのである。

　そこで，さまざまな要因に多元的に，かつ，多機関が連携する家族臨床が必要となってくるのである。連携とは，単に機能連携を意味するだけではなく，目的や手法，関与する期間が異なる専門機関や治療者が同時並行，あるいは，期間をずらしてそれぞれに関わることも含まれると解されるべきであろう。そうしなければ，問題・症状の重大・重症度とその広汎性（家庭，学校，地域社会への拡がり）に対応した治療効果の般化は得られないことになる。特に，薬物乱用については，非行・犯罪臨床機関に加えて，医療の関与は必然であり，家族関係の調整にとどまらず，専門機関との協働を重視する多面・多元的なアプローチを特長とする「多面的家族療法（multidimensional family therapy）」(Liddle et al., 2005) の有効性が実証されている。後述するマルチシステミック・セラピーと類似しているが，専門機関との協働，それら多機関・多職種スタッフとのシステムズ・アプローチが強調されている。なお，本アプローチの適用年齢は，親のマネジメントが有効な前思春期であることから，筆者自身による非行問題に対する実践事例は持っていない。

2．マルチシステミック・セラピー（multisystemic therapy: MST）

　米国サウスカロライナ医科大学の Henggeler 教授らが中心となって開発した，常習的な暴力少年犯罪など重大な事案に対して，再逮捕などを半減させるなど効果が実証されていることで名を成したコミュニティ・ケア，社会内処遇である。その著書の最新版 *Multisystemic Therapy for Antisocial Behavior in Children and Adolescents second edition.*（Henggeler et al., 2009) の概要を述べる。

　MST の理論的基盤としては，システム理論と社会生態学が取り上げられている。すなわち，子どもを取り巻く仲間，学校，近隣の人々など多様なシステムに働きかけるアプローチであり，そのエッセンスは家族への介入である。

　次のような 9 つの治療原則が示されている。

原則1：アセスメントの主な目的は，同定された問題と広範なシステミックな環境の間にあるフィットを理解することである。このフィットについては後述する。

原則2：治療的な関わりでは良い部分を強調し，システム内のストレングスを変化の「てこ」として利用する。これは，長所（ストレングス）基盤モデルであり，臨床の基本である。

原則3：介入は家族の責任ある行動が促され，無責任な行動が減るように計画される。

原則4：介入は現在に焦点を当て，行動志向型とし，具体的で明確に定義された問題を標的にする。これは，行動療法に基づく問題解決志向型のアプローチであることを示している。

原則5：介入は同定された問題を維持する複数のシステム内あるいはシステム間の行動の連鎖を標的にする。これは，システムズ・アプローチであることを示している。

原則6：介入が発達上適切であり，子どもの発達上のニーズに見合っていること。これは，発達の視点を大切にすることが表明されている。

原則7：介入は家族の毎日もしくは毎週の努力を求めるように計画される。

原則8：介入効果は複数の視点から継続的に評価され，サービス提供者は結果が出るようにあらゆる障壁を克服する努力を続ける。これは，非行臨床であっても単なる再非行率の数字で効果を測定するのではなく，多角的な評価を重視し，エビデンスが実証されたプログラムであることを強く意識したものとなっている。

原則9：介入は，治療の般化を促し，治療による変化が長期的に維持されるよう計画され，養育者を励ますことで，複数のシステム内の環境にある家族のニーズに対応できるようにする。

さらに，家族機能のアセスメントでは前述した構造的家族療法の観点が，家族介入ではペアレント・マネジメント・トレーニングなどの行動

療法的な家族へのアプローチがそれぞれ加えられている。また，社会生態学を基盤に置くことから，具体的には，仲間との関係を変えることを目的に，親が地域の社会資源を利用しながら介入することが強調されている。あるいは，学校における学業及び社会性の能力を促進することを目的に，家庭と学校の間にある障壁を克服して協力関係を構築することが事例を交えて詳述されている。前述のとおり，MST セラピストのほとんどは修士のソーシャルワーカー（米国では博士である臨床心理士よりコスト削減となる）ということで，環境面を重視する生態学的な視点，すなわち，ソーシャルワーク的活動が強調されているのであろう。

　具体的な介入技法としては，家族員を対象とした認知行動療法が第一選択肢であるとしている。モデリングやロールプレイなどに加え，代替可能な解決法を案出する問題解決訓練を推奨している。日本においても，認知行動療法が導入されているのはほかの臨床領域と同様である。保護観察臨床でも，性犯罪，覚せい剤，飲酒運転事案，そして，アンガー・マネジメント技法を援用した「暴力防止プログラム」が実施され，それぞれに家族支援のプログラムが組み込まれている。

　そして，家族を地域社会の支援と結びつけるために，公的支援と地域社会の非公式な支援を活用する技量を重要視しており，非行臨床が社会的支援として機能しなくてはいけないとしている。すなわち，MST の実施機関としては，精神保健福祉機関にとどまらず，刑事司法機関である保護観察所や児童福祉機関の児童相談所などが想定されている。

　肝心の MST のアウトカム（比較対照効果）では，短期的及び長期的効果，費用対効果も優れていることがエビデンスとして示されている。そして，MST の効果に関する政策的意義として，施設処遇から MST のような地域社会に基盤を置いた臨床サービスに財源を再分配することを強く主張している。現に米国では 30 州の全域規模，カナダ，デンマークなどでは国のプログラムとして採用するところも出ているという。また，英国・エセックス州では，児童養護施設や保護観察処分を受けるリスクの高い児童とその家族に 8 年間実施することで，380 名中 110 名の施設入所・保護観察処分を回避するような予防的介入の効果があったとの報

告もある（神奈川県，2015）。

　実は，MSTの最大の特徴は，なぜか論著では明示されていないが，平均3〜5カ月，治療チームが地域の家族のもとに出向いて，1日24時間，週7日，直接現場で介入し，毎週ケース・カンファレンスを持ちながら，厳密なスーパービジョンが実施されるところにある。筆者もニューヨークで実地調査を行ったが，再犯によって施設収容となるリスクが高い処遇困難なケースに対するコミュニティ・ケアであり，その業務も過重であることから，スタッフの定着率が低いということであった。

　また，MSTの基本モデルへの忠実性や遵守性を担保するために，米国でMSTサービス社から濃密なコンサルテーションとスーパーバイズを受けるばかりでなく，その実施のためには高額のライセンス料を支払わなければいけない。日本と違って，欧米では，司法や公的臨床機関のスタッフが直接処遇することは限定的であり，大学等で開発された処遇プログラムがパッケージ化され，NPOを含めた実施機関に業務委託されることは前述のとおりである。

　最後に，このアプローチでは，〈適合：フィット〉という重要な，しかし，分かりにくい概念がある。前述の治療原則の第1は，「アセスメントの主な目的は，同定された問題と広範なシステム環境の間にあるフィットを理解すること」であり，掲げられている「図：フィット・サークル」がある（図3-3参照）。これをみると，同定された問題行動（暴力行為）が円の中心に書かれ，介入の標的となるフィットをアセスメントするため，複数の情報に基づいて，行動要因の仮説を立てている。フィットの要因は子ども自身にも，それを取り巻くさまざまなシステムのなかにも存在する（本間・小野，2009）。すなわち，ストレングス（長所）とニーズ（欠点を含む問題性）を的確にアセスメントし，問題行動の要因を複数挙げ，仮説を立て，その際に直線的な因果律ではなく，円環的・多角的な観点を採用するということであろう。このフィット要因は，介入ターゲットとなるもので，問題や状況，何よりクライエント・家族に即して，柔軟に理解されることがポイントとなる。

　まとめると，子ども，家族，そして学校，地域社会のリソースに広く働

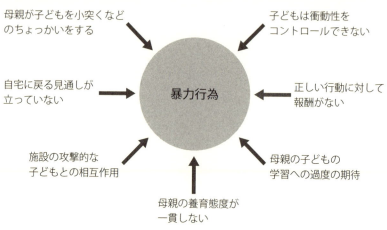

図 3-3　フィット・サークル
（出典：本間・小野（2009）『子どもの心の診療シリーズ 7
子どもの攻撃性と破壊的行動障害』p.192 を一部改変）

きかける手法はシステムズ・アプローチの特徴であり，前述の 24 時間，365 日の電話相談を含めた支援が来談形式ではなく，アウトリーチによる組織的取り組みにより実施されていることがユニークな点である。このエビデンスが明示されたモデルプログラムも，その有効性が評価されて開発者のグループからほかの実施機関へ技術移転，すなわち，プログラムのパッケージが売却されてしまうと，その有効性が失われてしまうという現実がある。MST が強調するスーパービジョンを濃密にして，モデルへの忠実性を高めることは，治療者の動機付けを高め，治療関係を改善することに寄与するが，現場の創意工夫を損なうリスクも否定できないであろう。

　なお，非行性が深まっている，あるいは，崩壊家庭でも適用可能で，必ずしも少年本人の面接参加は必要ではなく，地域社会の支援組織との連携を重視するところが，次に紹介する機能的家族療法との違いである。

3．機能的家族療法（functional family therapy：FFT）

米国・ユタ大学の Alexander，インディアナ大学の Sexton 教授らによっ

第3章 ❖ 家族臨床の実践理論と方法：システムズ・アプローチ

て展開されている。非行などの外在化された思春期の問題行動に対するもので，施設処遇に比して経済効率も高いと有効性が実証された家族臨床のモデルである。精神保健領域の予防段階から司法領域のハイリスクなクライエントまでを対象としている。最新刊である *Functional Family Therapy in Clinical Practice.*（Sexton, 2010）から，そのアプローチを概説したい。

FFTの歴史的展開としては，1960年代後半からAlexanderらによって少年司法の場で適用が始まり，非行などの外在化型の障害からひきこもり，抑うつなどの内在化型の障害，そして，その中間的，あるいは併存する障害を抱える青少年へと対象が拡大していったものである。そして，問題行動に関わるリスク要因と保護要因という理解の整理，法務省など公的組織から有効性が認められていること，前述したマルチシステミック・セラピー同様のアセスメントと介入を行うシステムズ・アプローチであること，彼らが「関係機能」と呼ぶ問題・症状を維持する行動・関係パターンに着目することが述べられている。

特に，このアプローチの治療段階・経過として，関与・動機付け段階（engagement/ motivation phase）⇒行動変容段階（behavior change phase）⇒般化段階（generalization phase）という3段階ごとに治療目標があり，アセスメントと介入が並行的に，かつ，継続実施されることが円環の矢印で強調されている（図3-4参照）。この図をみても，変化の段階が直線的であり，かつ，円環的でもあるという柔軟な認識がFFTの根幹にあることが分かる。

治療の各論として，技法の実際が，前述の3段階に分けて解説されている。関与・動機付け段階では，アセスメントによって明らかとなったリスク要因を低減させるために，肯定的なリフレーミング（reframing：認識・理解枠の変更）が有用である。例えば，母親の過保護も「親心として当然」といった家族認知の「上方修正」によって，家族間での非難・否定的メッセージを減少させることなどが行われる。治療者が信頼され，積極的に家族に関わり，双方が協働する関係を構築することの必要性はいうまでもない。家族間での「傷つきや喪失を含む怒り」といった，症

非行臨床における家族支援

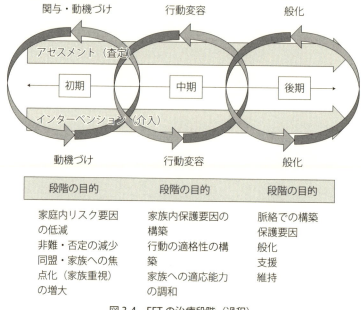

図 3-4　FFT の治療段階（過程）
（出典：Sexton（2010）*Functional Family Therapy in Clinical Practice*
p.3-15 をもとに筆者作成）

状・問題の改善のためには避けて通れない深刻なテーマをあえて設定することも，家族のセッション参加への動機付けには重要としている。

　行動変容段階では，特定化されたリスクから家族を保護する要因を作り，それが機能するよう援助することが目的となる。その方法は，次のようなものである。

1）問題・症状の改善に資するような新たな行動方法を見つけて日常生活で行うこと，例えば，週に一度は家族で外食することでコミュニケーションを改善する。
2）コミュニケーションの改善のためⅠ（私）メッセージ法（「私は……」）を用いる。例えば母親が，「早く帰ってきてくれて，お母さんは安心して眠れる」と語り手の心情を伝える。

3）直接的・簡潔的であり，コンテント（内容）とコンテキスト（脈絡）が一致した矛盾しないメッセージを送ること。例えば，自分の家の門限を話題にしているときに，よその家の例を持ち出すことなく，家族間で例外のない適切な帰宅時間がルールとして明示されるような話合いがなされること。
4）問題を同定して，望ましい結果や何をするかについて話し合い，その結果を評価することを重視する。不良交友では，例えば門限が曖昧であることに問題を同定して，家族全体が守れるようなものにして，実際にどのくらい守れたかも家族全員で評価する場を持つことである。

　問題の円環的連鎖，親子の関係機能，家族のテーマ，それぞれとのフィット（適合性）が強調されている点は MST と同様である。
　最後に般化の段階では，行動変容段階で生じた変化が家族システムのほかの領域へ広がる，例えば，両親間の関係性が改善すれば，それが親子間や同胞間の関係性へと遡及することが求められる。変化が維持されるためには，治療者の働きかけにとどまらず，地域社会のほかの関係機関との連携も必要であり，それが再犯を防止することにつながる。多機関・多職種の協働が強調されるのは，最近のすべての臨床領域での鉄則である。なお，面接室での治療者の役割として，家族員同士のコミュニケーションにおける「翻訳者」の機能があることが繰り返し述べられていることは興味深い。わが国でも，親子はもとより，祖父母と孫との世代間ギャップは甚だしく，それらのコミュニケーションには，外国人同様の翻訳・通訳者が必要となっている。
　FFT は，限定された面接室ではなく，地域社会でのプログラムとして展開していくものであり，その際の専門スタッフの技法修得方法やスーパービジョン・システムなどについて詳述されている。まず，大きな問題として，人種，文化的背景を含めたプログラム実施者である処遇者及び対象者の多様性がある。プログラムを運営する組織風土や処遇者のバックグラウンドの違いは大きい。そのなかで，クライエント家族のニー

ズを満たしながら創始者が形作った処遇モデルの原型への遵守性・忠実性（fidelity）をどのように維持していくのか。そのためには，体系的な訓練を長期に継続していくこと，処遇モデルを運営機関や地域の特性に合わせること，そして何より厳格な処遇経過のモニター，つまり，事例検討による濃密なスーパービジョンが不可欠である。他機関からの紹介（リファー）の管理，アセスメント，処遇プランの立案，処遇経過を逐一パソコン画面に入力させ評価するツールが開発され，処遇者のみならずスーパーバイザーに対してもより上位のプログラム責任者からフィードバックがなされるシステムが整備されている。この体系的スーパービジョン・プロトコルが活用されることにより初めて，「FFT サービス提供システム」が完全な形で機能することが繰り返し述べられている。

　アメリカでは，青少年の問題行動の防止・治療に関わるプログラムだけでも 1,000 件を超すといわれており，そのなかで有効性が実証的に証明され，生き延びていくためには，並大抵のエビデンスの示し方ではなく，その維持管理が問われるのであろう。そのうち，アメリカ政府の少年非行対策部局が代表的な評定機関に依頼した調査報告書 *Blueprints for Violence Prevention.*（OJJDP, 2004）によれば，ランダム化比較試験（randomized controlled trials: RCT）の系統的レビューによるメタ分析により有効性を検証すると，家族臨床を基本とした治療プログラムにおいては，本章で取り上げた MST と FFT，そして，多元的治療に基づく里親プログラムのエビデンスが実証されたという。また，RCT の系統的レビューにより，アメリカに欧州，中国も加えた最長 14 年間のフォローアップ期間がある 46 の実践に関して，メタ分析した結果が報告されている。そこでは，システムズ・アプローチの児童・思春期の薬物乱用を含めた非行問題への有効性はほかの心理療法と比較して明らかであり，特に MST, FFT, 多面的家族療法などのエビデンスを実証している。縦断的研究では，成人となってからも重罪の逮捕率や矯正施設収容年数も MST は，対照群に比べて有意に低いとの報告もある（Sydow et al., 2013）。

　里親プログラムは，本論の主旨から外れるので取り上げないが，MST と FFT は，ともにシステムズ・アプローチの手法に則られているもので，

対象や方法にも根本的な相違は少ない。筆者の実地調査によれば，MSTは崩壊した，あるいは，治療的動機付けの乏しい家庭にもアウトリーチ（家庭訪問）により，必ずしも対象少年の同席を求めることなく適用される。一方，FFT は，合同家族面接が相談機関で実施できるような家族に適用されるといった区分けが現場では行われていた。対象となる子どもの年齢，家族の状況により適用の方法は選択されることは当然だが，日本に比べ施設内処遇が割高で効果も上がっていない欧米では，非行少年に対する地域処遇として家族臨床が重視されていることが認められた。

　なお，合同家族面接を重視する FFT のアプローチについては，第5章の事例において，非行性が深まり多機関連携が有用である MST アプローチについては，第6章の事例において紹介している。特に危機介入部分は，筆者によるシステムズ・アプローチの実践である。

第4章 非行臨床における システムズ・アプローチ

第1節　システムズ・アプローチによる家族支援の基本的原理と手技

　ここで、少年司法機関である家庭裁判所や保護観察所、児童相談所などの公的な臨床機関の家族に対処する治療構造に着目し、その特質を活かそうとするシステムズ・アプローチの観点から家族に働きかける際に必要な基本的考え方と手技について、筆者の保護観察官時代の家庭訪問やグループワークを含めた家族臨床の経験に基づいて整理した。システムズ・アプローチの基本原理を非行臨床における家族支援に活用するという臨床経験を大学院教員時代も合わせて30数年積み重ねてきたが、その知見の全体像を概説することを試みたものである。

　なお、少年司法機関などの公的臨床機関の家族臨床と大学の相談室や民間クリニックなどの家族支援とは、ともに家族への強制的アプローチは法的にできないこともあって本質的な差異はない。ただし、前者は関与できる期間が法的に限定されるために危機介入が中心となること、後者は治療的動機付けの欠如を補完するためにも、公的臨床機関も含めた地域の専門機関との多機関連携が不可欠であることが特徴である。

1.「家族を手立て」とする立ち直り支援

　システムズ・アプローチとしての家族療法とは、薬物療法が薬物を用

いて，あるいは箱庭療法が箱庭を道具立てとして治療を行うのと同様に，家族を《手立て》として本人の立ち直りを図るものである。前章で「円環的認識論」を取り上げ，問題行動を家族関係と直線的に結び付けて理解し，それに介入する「家族病理論」に拠らないアプローチの有用性を強調した。すなわち，家族に介入すること自体はツール・方法であって，本人の問題行動を，個人の特性や社会のファクターではなく，仮に家族関係や家族状況の側面，つまり《家族の脈絡》で考えてみる方策をあくまで"戦略的"に採ろうとするアプローチである（日本家族研究・家族療法学会，2013）。

そして，実際に子どもの社会的成長・心理的発達に最も影響力の大きい家族と協働して，立ち直りを支えるストーリーを構築し，その展開を図るサポートに努めるのがシステムズ・アプローチである。繰り返しになるが，家族を《手立て》とするとは，家族の変化が治療の標的なのではなく，家族のパワーこそが治療の武器＝手立て・方法となることを意味しており，筆者が多用している家族支援のエッセンスである。リンカーン大統領の民主主義政治の原則を示した言葉にならって家族療法の基本原理を説明すれば，「therapy of the family, by the family, for the family」ということになろうか。

2．家族を支援するとは

アセスメントに基づく家族理解と家族への介入が分離されずに同時並行的に行われるのが，システムズ・アプローチとしての家族臨床の特色である。家族療法で重用されるメタファーを用いて，筆者自身の家族理解を含めた非行臨床における家族支援の展開過程について説明すると，その全体構造は次のようになる。

1）家族に焦点を当てるのは，そこに問題や症状の要因を見いだすからではなく，家族への働きかけが立ち直りや改善のカギになるという意図的な見立てにより，戦略的なアプローチを採用するということを意味している。

2）この観点に基づく手法が，家族にも「腑に落ちる」ものであることが肝要であり，問題・症状を家族の力で緩和・改善しようとする，いわば〈家族ドラマ〉が面接室や家庭訪問の場で再現される舞台の設営が治療構造ということになる。

3）第3章で取り上げた構造的家族療法による「遊離した」家族に対しては，舞台の設営自体が治療の基幹部分となり，治療者の権力・権威性が活かされることになる。また，「もつれた家族」では，葛藤関係にある家族員間のコミュニケーションが成り立たず，そもそも面接場面において安心・安全感が持てない場所となるおそれがある。そのために，治療者は〈仲介・通訳者〉として，面接場面が「きちんとガタガタする」場となるよう"下ごしらえ"に努めることとなる。

4）実は，家族自身もこれまで自らのシナリオで家族への関わりを行ってきたが，問題・症状は悪化する一方，かえってこじれるばかりということもあって，IP（Identified Patient：患者とされた者）と呼ばれるクライエントには腫れ物に触るような，あるいは極端に厳格な対応になってきていることが多い。家族は関わりに疲れ果て，その関係は硬直して行き詰まっている。まずは，「家族内殺人」は論外としても，「親子が互いを見捨てる・見限る」最悪の事態を危機介入的手技により回避しなくてはいけない。

5）そこで，新しい家族ドラマを家族の「語り＝ナラティブ」によって再構成することになる。しかしながら，両親，子ども，祖父母，それぞれ諸事情があるなかで，家族関係が直截的に反映されたせりふ部分（コンテント：内容）を早急に修正することは困難である。そのときに，ト書き部分（コンテクスト：脈絡）を変えることによって，異なるドラマ展開を図る手法が有用である。同じ内容の文章を打っていても，文字数・行数といったページのレイアウト，表示画面の背景を変えると違うものに見えるであろう。少なくとも，家庭崩壊，家出といった危機的場面での回避策につながる介入を目指すことになる。

6）家庭とは異なる面接の場，すなわち，脈絡が異なる新たな舞台での家族コミュニケーションの変化は，少年を含めた家族の立ち直りの可能性を家族員それぞれに体感させるものになることは間違いない。具体的には，いわば，家庭内での言動である"内面（うちづら）"を面接室での社会化された言動である"外面（そとづら）"に変換する，その舞台作りをサポートするのが家族臨床家の基本的役割である。

　以上は，少年司法機関，民間臨床機関といった治療構造の相違に関わりなく，非行臨床全般に通底する家族支援のアプローチであると考えている。なお，筆者による非行臨床におけるシステムズ・アプローチとしての家族支援に関わる技法は，実践家の面接室での言動である「立ち居振る舞い」を強調して《手技》と表記している。
　立ち直り支援のための家族システムへの着目が本論の眼目であるが，現実には凶悪・重大な非行が起こるたびに，保護者の責任が追及される事態が繰り返されている。非行臨床家がクライエントの家族状況に関心を払うことの根本は，「支援のための家族の脈絡による理解」であり，決して「原因探しのための家族関係への着目」ではないことを再確認しておきたい。従来の家族病理や家族機能不全といった観点からの家族への働きかけと本論におけるシステムズ・アプローチとしての家族支援との明確な違いである。
　家族に再犯抑止の責任を押しつけ，クライエントが再犯しないための「監視役」として家族を捉えがちな非行臨床にとって，家族を支援する家族臨床のこの姿勢は，まさに「生命線」というほど重要なものである。非行少年を養育した責任者として，監視の役割を暗に期待されていては，どのような治療者の働きかけに対しても，家族（保護者）の協力が得られないことは必然である。支援の前提であるアセスメントにおいても，立ち直りの手立てとして家族を支援するためには，「家族の問題点が見えてくるのではなく，家族にやさしくなれる」家族理解が基本となるのである（生島，2014）。

3．治療システム自体も働きかけの対象とする

システムズ・アプローチは，家族システムだけではなく，治療者が所属する治療システムも働きかけの対象とする。臨床上の課題に応じて，治療システム自体を改変することは，システムズ・アプローチの重要な特徴である。

従前，心理的援助技法の主流であった「非指示的カウンセリング」や「精神分析的アプローチ」の非行臨床における適用に関しては，治療者の権力執行者としての側面が，非治療的に働くのではないかとの問題提起が，権力者と治療者という相矛盾する役割をとる「ダブル・ロール論」の観点からなされてきた（黒川，1978）。この点に関してシステムズ・アプローチは，〈家族をシステム〉として捉え，治療の手立てとして活用するのと同様に，クライエント・家族に加えて治療者やその所属する治療機関を含めて治療に関わる全体を〈治療システム〉として認識し，その構造に働きかける，あるいは，システムの特性を活かして治療の手立てとする手法を開発した（Foley, 1974）。

もちろん，精神分析においても，「治療構造」は重視されるが，それは治療契約といった内面的治療構造，あるいは，個人や集団へのアプローチ，場面設定といった外面的治療構造を意味しており（小此木，2002），治療者の所属組織や立場を治療的に活用するといったシステムズ・アプローチの観点とは異なるものである。

一例として，筆者は，保護観察所の職制を活用し，行状不良な少年の保護観察官の呼び出し面接に際して，「今日これからどのような措置をとるか，課長や所長の判断を仰ぐから」と言い残して面接室から途中退室し，本人にとっては"黒幕"的存在である管理職の名を持ち出して緊張感を高め，指示や課題の重み付けを増す工夫を試みている。さらには，担当官が「君の言葉を信用して，1カ月の努力をみたい」と本人の意欲を認めるのに対し，課長は「その判断は甘い，もっと厳しい措置が必要だ，もし再非行となればどう責任を取るのか」と本人の前で担当官を叱るという役割を演技することによって，硬軟双方の処遇方針を伝えるとともに，担当官と本人とが共通の目標を持つことが可能となった事例を

報告している（生島，1989）。

　筆者が20年余り所属していた保護観察所は，非行・犯罪臨床の専門機関ではあっても，あくまで外形上は法務省所管の行政機関であって，治療機関に特化した組織編成，すなわちシステムとはなっていない。治療者が思案するのは，面接室内での出来事に限定されるものではなく，面接室外，すなわち，面接室というシステムの上位システムである面接者の所属する組織や機関の構造・環境にまで及ぶ。現在では，社会臨床心理学という枠組みのなかで，司法機関や行政機関での臨床実践が展開されている（生島，2002）。治療者が所属する組織の特性を活かしたアプローチを工夫する，これもシステム理論に基づく実践であるシステムズ・アプローチの重要な特徴であり，臨床家の職責として所属組織の治療的運用を図るマネジメントを強調したい。

　その後，筆者は，臨床心理士養成大学院の教員に転じ，非行少年・犯罪者の立ち直り，地域生活支援のスーパーバイズ，ケース・マネジメントが職務に加わり，専門機関のコーディネート，すなわち，多機関連携・多職種連携を核とするマルチ・システムズ・アプローチが可能な立場へと変わった。治療者の立ち位置の特質を活かした新たなシステムズ・アプローチ，すなわち，公的非行臨床機関と連携のもと，地域の専門機関である大学の臨床プログラムをコーディネートして提供するケース・マネジメントによる家族支援を経験できた。そこでは，大学の臨床相談のシステム，すなわち，大学教員による面談，そのスーパービジョンを受けながらの大学院生によるメンタル・フレンド（家庭訪問形式による心理的支援）といった「主従関係」に類した治療構造の特性を踏まえたアプローチを工夫した。非行少年の男性大学教員の呼出し面接への反発を大学院生のアウトリーチ形式による学習支援で回避するものであり，その「職制」の活用は，保護観察所におけるものと同様である。本書第6章において，システミックなケース・マネジメントによる事例として紹介する。

4．非行臨床の治療的制約を特質として活かす：短期集中的な介入

公的な非行臨床機関では，法的に関われる治療期間が限定されている。しかしながら，非行臨床もほかの領域と同様に，クライエントの洞察力に期待するアプローチ，代表的なものとしては，クライエント中心主義によるカウンセリングや精神分析的アプローチなどが採用されてきたことはすでに述べた。さらに，非行少年の多くは，自己洞察を継続する能力・気力は乏しく，問題への直面化を厭って，親や友人，教師などへ責任転嫁に流れがちな性格・行動傾向が顕著である（生島，1999）。そのため，非行臨床の限定された処遇期間と密度（面接頻度）では，従前の手法ではその効用に制約があったのも事実である。

　対象者と呼ばれるクライエントが学校や仕事に通っている状態で指導監督を受ける社会内処遇である保護観察を例にとろう。原則として20歳になるまでの法定期間より早期に終了する「良好解除」までの期間は，実務上1年程度を目途としており，面接の頻度も通常は1カ月にせいぜい2～3回の割合である。しかし，パーソナリティの変容までを求める従来の心理療法的アプローチでは治療期間は数年を要すると一般的にいわれ，一方，危機介入的アプローチでは，短期間に濃密な治療関係を持つことが要請されることになる。そのため，双方のアプローチともに，保護観察や家庭裁判所調査官による試験観察など，社会内処遇としての非行臨床では組織的（システミック）な適用が困難というのが実状であった。

　「悪いことをせずに普通に暮らす」という非行臨床の原点に戻って，パーソナリティへのアプローチといった大きな目標ではなく，ともかく違法行為に至ることのないよう問題行動を改善するといった具体的な日常課題の解決に焦点を合わせた手技が臨床現場では求められることになる。そうであれば，次のような短期療法（ブリーフ・セラピー）の基本的視座の有用性は高い。

　1）うまくいっているなら治そうとするな。
　2）うまくいっていることが分かったら，もっとそれをせよ。
　3）うまくいかないなら，二度と繰り返すな。何か違うことをせよ。

以上，三つの簡明，かつ，常識的な治療方針に則って，短期間に治療効果を上げることを目的とする家族療法から派生した短期集中的なアプローチは，公的機関中心の非行臨床で極めて実践的な手法である（Cooper, 1995）。

さらには，短期療法のエッセンスともいえる「可能性療法」（O'Hanlon & Beadle, 1994）では，短期で治療効果を顕在化させるために，問題の解決に焦点を合わせる手法として，

1) 見方を変える：問題のないときを考える，ノーマライズする（問題視しない），メタファーや物語を使う，新しい準拠枠を与える（貼られたレッテルを変える）。
2) 内外の資源をつなぐ：ほかに助けてくれそうな人を探す，どうしてそれ以上悪くならなかったのか，物事が改善したとき何をしたかを尋ねる。
3) 考え方，経験の仕方を変える：問題が生じているときと，そうでないときの違いを見つける，問題が起こるパターンへ小さな介入をする。

といった創意・工夫を明示している。これまた，病理や問題点に焦点が当たりがちで，その深刻さゆえに現実には進展が見られにくい臨床現場において，変化可能性に賭けるアプローチは魅力的であり，筆者も非行臨床における家族へのアプローチのなかで実践してきた（生島, 1993）。具体的に，家族臨床で用いた例としては，次のようなものがある。

1) 見方を変える：親が子どもの急速な非行化を「理解不能で異常なもの」と捉えたときに，例えば「幼さからくるわがまま」と発達心理学の知見を用いた心理教育的説示に努める。
2) 内外の資源をつなぐ：親がいくらいってもきかないが，母方の叔父のいうことは不思議にきくことがあるといった，後述する家族関係を尋ねるジェノグラム・インタビューの際に家族の力を示すエピ

ソードを聞き出す。
3）考え方，経験の仕方を変える：悪いことをした理由ではなく，不良な友人の悪い誘いを断れた「例外」を聞き出す。例えば，夜間の外出を父が糾弾するのではなく，母が「心配で眠れないから」と諫めたところ，その日は夜遊びに行かなかったというたまたまの例を「拡大解釈」していくものである。

短期的に集中してアプローチする療法は，アメリカ・カリフォルニア州にある家族療法のメッカとして著名な「メンタル・リサーチ研究所（MRI）」で創生された。この毎月1回，計10回ほどの面接でも変化が起こり得るという治療理論は，法的に関与できる期間が限定されている保護観察などの非行臨床でも適用可能な実践理論として魅力的なものであった。現にMRIのブリーフ・セラピー・センターによる主著『変化の技法』の筆者の一人であるFischの経歴には，「少年保護観察所の顧問」が見いだせる（Fisch et al., 1982）。

公的な非行臨床機関の関わりが，短期集中的アプローチによる危機介入中心となるのは，その法的な制約上致し方ない。治療者として関われる処遇期間の制約が，失敗例としての再係属を除いては，長期的予後を見極める可能性を奪うものにもなっていたことは，第1章で述べたところである。一方で，第2章で取り上げた「発達精神病理学」やProchaskaの「変化のステージ・モデル」が教示するクライエントの発達を見守る経験が，臨床的に不可欠であることは間違いない。

短期集中的アプローチと長期の経過を見守る姿勢は，一見矛盾しているが，臨床的には何らの違和感もない。短距離走の選手が長距離を走る能力があるように，短期療法（ブリーフ・セラピー）の実践にも，長期間クライエントに関わる力量が不可欠である。「あえて数回の面接しか行わないこと」と「数回の面接しかできないこと」とは大違いである。

非行臨床機関に限らず，大学などの相談室や民間のクリニックにおいても，保護者や教師が非行のある子どもをどうにか連れて来所する導入部分では，急展開で問題行動が頻発するのに対処する危機介入段階の手

法が必須である。それを乗り越えると，表面上の安定期が訪れるものの，治療の動機付けが本来乏しく，アプローチする側の「強制力」もないことから，中断に至ることが多い。このリスクを回避して，発達過程を保障し，人との出会いなど，非行からの離脱を見守る支援を継続しなくてはならない。そこで，本章第5節において，長期的予後の見守り:《時間稼ぎ》の重要性を詳述する。さらに，第5章において，合同家族面接，保護者や子どものみの面接を組み合わせたシステムズ・アプローチによる非行事例の長期経過を示し，そのなかで行われた危機介入に加えて，時間稼ぎ的アプローチの有用性を明らかにしている。

5．心理教育的助言の重視

非行臨床のエッセンスは，「悪いことはしない」というごく単純，すなわち常識的なものである。下坂（1998, 2007）の「常識的家族療法」に倣って，家族面接のなかで筆者が行っている「常識的非行臨床」ともいえるシステムズ・アプローチに由来する家族に対する心理教育的助言の要点をまとめておきたい。〈非行〉という社会的常識に欠ける振る舞いに関して，本人はもとより家族に対して専門的アプローチを行う非行臨床の基本は，常識をわきまえた心理教育的助言にほかならない。

1）問題の状態に陥る経過と立ち直りの道筋は異なる

第3章で述べた，システムズ・アプローチの直線的因果論に基づかない立ち直り論，すなわち原因追及はしないことの意味合いを教示したものである。特に，ひとり親など自らを責めがちの保護者に対して，「原因探しよりも立ち直りに尽力してほしい」と治療への協力を要請するメッセージである。

2）親の解決努力が，ボタンの掛け違いになっているときの助言

まず，状況の具体例を挙げよう。

○子どもが非行化すると，親が過干渉となり，それに子どもが反発する。非行が深刻化するのを恐れるあまり，親が子どもの言いなりになってしまって，放任になってしまう。

○不良交友が激しくなると，親は「外で悪さするよりうちの方がまし」と友だちを連れてくるように子どもへ促すが，結果的に家の境界が曖昧となってたまり場と化す。
　○子どもの非行化に対して，「自立・自主性の尊重」という助言が行われることが多いが，それが子どもの「見捨てられ感」につながり，自暴自棄となって親の注意を引くための非行が発現することがある。

　以上のような事例に即して，ある特定の原因から結果が生じると考える「直線的因果論」をとらないならば，どこに着目するのか。親の誤った対応でさえも「解決努力がボタンの掛け違いになったにすぎない」と肯定的なメッセージを伝えるものである。

3）うまくいったことは続け，いかないことは取りやめ，ほかの方法を採る

　前述の短期集中的アプローチの基本に「時間稼ぎ」の観点を加味し，子どものために強く思うばかりにコントロールしたいという親心に向けた，治療的動機付けのアップをねらったメッセージである。ただし，即効力は期待できず，「思うとおりにはならないが，どうにもならないわけではない，時間を身方にすればどうにかなる」と同時に助言することがポイントとなる。

4）言わなくて済むことは言う必要はないが，言っておくべきことは言って構わない

　これまでの対応が，ことごとくうまくいかなかったために，無力感に陥っている保護者に対して，保護者の働きかけが不可欠というエンパワーメントを強調した常識的対応を教示したものである。「どのような対応が良いのか，悪いのか」はっきりさせたい強迫的な親に対しては，あえて曖昧な物言いが有用であり，不思議に困窮しているときこそ腑に落ちる助言と実感している。増悪を心配して腫れ物に触れるような対応やあまりに厳格なしつけは逆効果であることは明言したい。

5）家の"心理的敷居"は大切である

家庭内外の境界の重要性を述べたもので,「うちはうち,よそはよそ」という常識的対応の重要性を強調したものである。特に不良交友に関して,上記2）のように「外で悪さをするよりうちをたまり場に」という敷居を低くする対応になりがちである。親として自信を喪失し,パワーレスに陥っている親に対して,うちのルール・やり方,あるいは,親子間の境界の明確化の重要性を教示するものである。これを,親が苦労して良い方法や手段を考え出すプロセスも強調して,「子どもに対する親の算段」という表現で伝えている。

6）親の子どもへの否定的な感情も認めてやる

子どもの親への否定的感情は理解されやすいが,親の子どもへの否定的感情は,専門職でさえも否定的・拒絶的受け止めになりがちであることを戒めたものである。発達障害があれば乳幼児から育てにくいし,思春期になって「まったくいうことをきかない」子どもに対して,親が否定的感情を抱くのは当たり前である。親の子どもへの冷たさに共感することはできないが,とりあえずの"聞き置く姿勢"は立ち直り支援に際して不可欠である。

7）「我を忘れる」ような動揺は論外,しかし,一緒に揺れてやることも大事

子どもの問題行動は,SOSであって,周囲の注目を集め,「特別扱い」をしてほしいというメッセージであることを教示したものである。家族が専門家に相談するなど「右往左往」するのは決して間違いではなく,子どもの問題行動を専門書などで知的に理解して「冷静に対処」することのマイナス面にあえて言及したものである。筆者は,自身が書いたものも含めて,専門書の類いを当事者である親に勧めることはしない。

8）両親が一致する必要はない,立場・役割で対応が異なるのは当然

「両親が一致していないことが問題」との専門家からのラベリング,思い込みが,親のパワーレスにつながるリスクを指摘したものである。子どもの問題を両親の折り合いに帰属させると「夫婦問題」となることから,あくまで元々無理な注文である一致ではなく,両

親としての役割分担を前提とする協働の重要性を述べている。ただし,「子どもの前で一方の親を価値下げしてはいけない」というのは,家族臨床の鉄則である。

9)「分相応・身の程を知る」ことが親子双方にとって肝要

　非行少年やその家族にしばしば認められる,自己顕示欲の強さ,現実検討能力の低さは,自分に無理を,あるいは,子どもに無理強いをしがちであるという形で顕在化する。例えば,子どもの進路として,親が進学できなかった学校や就くことができなかった職業を選択する場合である。これに対する心理教育的助言として〈分相応・身の程を知る〉ことを教示している。いずれも家族システム論の境界概念を個人システムに援用したもので,「親は子どもを思いどおりにしたい」「子どもは親に思うようにしてもらいたい」という強迫性にも由来する他者へのコントロールに焦点を当てた物言いである。無用なストレスを回避する分相応・身の程を教えるアプローチは,決して「諦めろ」ではなく,分相応・身の程を知るという現実検討能力,あるいは,「致し方ない＝耐容」の重要性を説く常識的非行臨床のポイントである。

10) 思いどおりにはならないが,どうにもならないわけではない

　危機介入段階の初回面接で,「時間稼ぎ」の観点に基づく,親子ともに腑に落ちる今後の見通しを教示する助言である。「転げ落ちるような」非行化に対して,自暴自棄となっている子ども,「どうにもならない」と沈み込む家族を前にして,「時間はかかるが必ず良くなる」と言明することは治療の継続において必要不可欠である。「ところで,良くなる状態は人によって異なる。あなたは,どうなりたいのかな？」と本人・家族員それぞれに尋ねる「主訴の個別化」という治療契約のプロセスから面接は始まることになる。

第2節　非行臨床におけるシステムズ・アプローチの実際

1. 家族面接の導入・展開

（1）家族への働きかけの契機

　家族とのセッションを持つという治療契約を受理面接時，保護観察であれば家族が再非行のおそれを心配している開始当初にきちんと結んでおくことが臨床的には望ましいが現実には難しい。家族面接を家庭裁判所の命令で行う，あるいは，不利益処分を伴う遵守事項に入れる法的制度の整備も検討されてよいであろう。そうでないと，本当に家族支援が必要なクライエントにアプローチできないからである。本人の行状との関連でいえば，安定期にはその必要性が低いので，家族の出席は得られにくいが，あまりに行状が不良であると，家族が家をわずかな時間離れることさえ心理的に難しくなる。個別処遇のなかで家族に対するきめ細かな働きかけがなされた上で，すなわち，治療者との信頼関係が構築されていることが望ましいが，危機介入的に〈家族に飛び込んでいく〉姿勢も肝要である。しかし，臨床機関が組織的に実施，すなわち，システムズ・アプローチとなるためには，後述する家族教室のようなグループ・アプローチによるプログラムが恒常的・定期的に開催されていることが不可欠である。このような条件整備が図られた上で，家族が危険性を感知した時期をとらえて，危機介入的に参加を求めることができれば，より実効が上がるであろう。

（2）家族を招集させる：特に父親を面接に引き出すこと

　家族の招集という課題が，治療的介入の始まりであり，アセスメントの材料にもなる。家族機能のアセスメントに加えて，家族のパワーを最大限・効果的に引き出すために家族合同面接は不可欠であるが，特に父親に関しては，休日や夜間以外の出席は現実的に困難であるとの治療者側の認識が臨床現場では続いている。しかし，治療者の所属する機関の持つ力を背景にして，あえて困難な平日・昼間の時間帯に参加を求める課題を父親に遂行させること自体が治療的である。通常はバラバラで家族員の交流も乏しい非行少年の遊離した家族には，周辺的な役割しか与えられていない父親のパワーアップにつながり，治療的に大きな影響を与えることになるのである。

　そこで，父親の参加について，公的機関に所属していた当時，筆者は，

本人や母親を通じて協力を求めるのではなく，自宅へ父親を名宛人として公的な文書を送付し，家族全員の参加を要請している書面の内容を父親から家族全員に伝達するやり方を採用していた。手紙の送り方一つにしても，従来のできるだけ治療者の私信のような形にして，プライバシーの保護に努め，治療者の権威・権力的側面が表に出ないように配慮したものとは異なる，公印を押した依頼文書による方法をとった。特に対応に苦慮する"真面目だが，かたくなで，子どもの進路などに関して自分の考えを押しつける"タイプの権威的な父親については，公的機関の権威に対する敏感さを逆手にとった，このような手法が有用であった。家族の招集自体が，臨床機関の持つパワーを後ろ盾に父親のパワーアップを図り，その機能性を高める介入となることは，システムズ・アプローチの妙味といえるものである。現代では，"イクメン"ではないが，父親の子どもの養育への関心は高い。ただし，"父親の出番"を作る工夫は必要であり，少なくとも父親と葛藤関係にある母親を介しての呼びかけは有効ではないし，避けるべきであろう。

（3）家族とのジョイニング

このように招集された家族に治療者が参入するプロセスに着目するのが，ジョイニング（joining：波長合わせ）である（Minuchin & Fishman, 1981）。面接の入室順序や座席位置，誰が家族を紹介するのかなどの観察から始まり，面接を仕切る者がいても当分の間は流れに任せ，家族のやり方を続けてもらうのである。面接の冒頭で，面接室ではどのように家族へ呼びかけるかを確認する，本人の名付けの由来について尋ねるといったことから始まり，家族員の身動きの仕方や特有の言葉遣いをまねるといったトラッキング（tracking：追跡）と呼ばれる手法がとられることもある（吉川, 1993）。まずは，家族に初回面接に至った経過を聴くなかで，「子どもの苦労・親の苦労」をくみ取り，家族それぞれの主訴を明確にしていく過程がジョイニングとしての介入となる。そして，前述の入室順序や座席位置など"家族の仕切り"からアセスメントも同時並行的に行っていくことは，法的にも処遇期間の制約があり，危機介入的な関わりから始まることの多い非行臨床では不可欠である。

初回面接では,「家族の誰が呼びかけて,学校や仕事を調整して,本人を連れてくるために協働したのか,苦労したのか」という〈来談に至るまでの顚末〉を微細に聴き取ることは,家族の課題遂行能力という観点からのアセスメントとして重要である。さらに,治療的関わりの継続には,母親がくたびれ果てないことが前提だが,父親も治療効果を体感してくれなくては始まらない。「あんなところへ行っても仕方がない」,父親にそう断じられては,母子面接が仮に継続されてもそれは「母親の隠し事」になり,何より長期的な関与の維持は事実上不可能となる。特に,父親へのジョイニングに言及しておきたい。家族全体を連れ出して,父親の運転で来談した様子を聴き取り,間違ってもネガティブ情報となるリスクの高い「子どもとの関わり」を尋ねることはしない。ポジティブ情報の集まりやすい「仕事の話」,そして,子どものことが心配で,母親に任せきりとなってきたことを反省して,「仕事をどうにか調整してやってきた」父親の語りから入るのが,エンパワーメントとしても得策であろう。

2．面談以外の家族コミュニケーションを設定する

「会食」という言葉のとおり,会話以外で家族のコミュニケーションを設定するのに食事は有力な武器となる。非行臨床では,食事を作る・共にする機会が家庭から長く失われていることも少なくない。摂食障害では,食事場面そのものが〈治療的介入〉となり得るのは当然だが,非行臨床においても,家族と食事を共にするプログラムは,和やかな雰囲気を作り,現実の家族関係の把握に有効である。

また,家庭訪問において,食事場面は,その家族の実際の在り様を知るアセスメントの絶好の機会である。反面,治療者との信頼関係が成立していない段階で食事をとることは,参加者・治療者双方にとってストレスフルであることは間違いない。隣接領域の学校臨床でも,教師の家庭訪問が行われなくなっているが,第三者の家庭への立入を拒絶する,他人をうちに入れたがらない家庭が目立っており,食事はおろかお茶する場面に加わることも困難となっている。しかしながら,クライエント

自身に治療的動機付けの乏しい事案に対して，アウトリーチとしての家庭訪問は不可欠であり，登校拒否・家庭内暴力への精神科医とのチーム治療として，ソーシャルワーカーによる家庭訪問が試みられている（石川・青木，2003）。

その後，組織的に，すなわち，システムズ・アプローチとして展開されることはなかったが，ひきこもり問題の深刻化により，近年，臨床現場のニーズは大きく変化している。具体的には，子どもの虐待問題への対応策として，アセスメント・介入双方のために家庭訪問は不可欠であり，児童相談所による実践が積み重ねられている。非行臨床においても，面接室以外での家族へのアプローチ，例えば，一部の家庭裁判所や更生保護施設で実施されている「親子合宿」といった家族コミュニケーションの場を設ける試みは行われてきており，その臨床知の集積が重要であることはいうまでもない。

ところで，「家族教室」のようなグループワークでは，コーヒータイムがプログラムの前後に自然発生的に生まれて参加家族の交流が促される。地域で孤立しがちな非行少年の家族自らが癒やされる「自助効果」も期待できるのである。

3．ポジティブな話題はもとより，あえて「葛藤」も取り上げる

セッションでの話題に関して，写真やビデオも活用して子どもの出生から幼児期にかけての父母の思い出は，本人・父母双方の心を和ませる効果があり，子ども臨床でしばしば使われている。非行臨床でも，「うるせえ・金・死ね」と罵詈雑言が飛び交っている親子双方にとって，そうではなかった時代も少し前まであったことを想起させる介入は有用である。

もちろん，虐待事例やひとり親事例などについて，テーマの設定への配意は不可欠であるが，どこまで触れてよいか確認の上，「家庭の事情」に触れていく作業は不可欠で，いたずらに避けるものではないことを強調したい。離婚に至った親の事情を，男女の仲が分かる年代となった思春期の子どもに対して，きちんと説明するセッションは必要と考えてい

る。葛藤の回避ではなく,「きちんとガタガタする」という直面化の重要性は，次節で詳述したい。

　また，家族面接においては，「家族が今関心を抱き，不安を感じていること」をすばやく取り上げ，本人の問題に入っていくことが基本となる。どうしても参加できない，死亡や離婚した親については，ゲシュタルト療法のエンプティ・チェア（空のイス）の手法を援用して，「もし，ここに亡くなったお父さんがいればなんて言うのかな」と参加者全員に尋ねていくことでアプローチできる。反対に，両親が現在抱えている深刻な夫婦問題は，家族面接で取り上げることは相応しくない。欧米の夫婦関係を重視する家族療法の基本からすれば反論が出ようが，我が国では，〈夫婦間〉の問題は，あくまで〈両親間〉の事柄として取り上げていく便法が，臨床経験によれば面接からの脱落を防ぐための重要なポイントとなる。

4．チームとして処遇にあたる

　システムズ・アプローチが意味するものとして，治療者が治療システムを構築してアプローチすることも包含されることが重要であると筆者は考えている。治療チームのメンバーは，性別・年齢が同一であることを避け，できれば，チーム自身も家族らしい雰囲気を持ち得るように配慮することが必要である。大人が協力し合う姿は，家族関係に恵まれない子どもにとってモデルとなることはいうまでもない。このようなチームを組んで治療（処遇）に当たるという考えは，児童相談所では，従来親子並行面接が多用され，個別に動くことの多かった心理判定員（児童心理司）と児童福祉司との連携を強めることに寄与したし，保護観察所では，保護司と保護観察官の"協働態勢"が治療的に機能する場を増やすことにつながるものとなっている。

　さらに，こういったセッション自体が，治療者自身の自己理解や訓練に役立つことが現場では重要であり，そのためにも，治療者としての経験年数の異なるメンバーが混在していることが望ましい。非行・犯罪臨床において，性犯罪等への認知行動療法に基づく処遇プログラムが組織

的に展開しているが，このような性別・年齢・経験の異なる治療チームを編成するというシステムズ・アプローチの観点が有用である。

　家族臨床，その具体的手技としての家族面接の形態は，親（多くは母親）子面接，親子並行面接，子ども面接が中心で親との面接を適宜組み合わせるなど，多様なものが臨床現場では実施されている。しかしながら，家族療法の代名詞である合同家族面接の非行臨床における意義を再確認するためにも，「家族葛藤の直面化」に焦点を当て，そのエッセンスを次節で詳述する。

第3節　合同家族面接の実際：家族葛藤の直面化

　「家族のいるところ(in the presence of his family)」でのアセスメント，介入，そして，支援は家族臨床の基本であり（Satir, 1983），非行・犯罪臨床における立ち直りのための〈本人・家族が生活する〉地域での支援の根幹でもある。筆者も多くを学んだ家庭裁判所や保護観察所で1960年代から試行されてきた家族への関わりも，非行少年の家庭訪問を基本とするアウトリーチにより行われていた。また，専門機関での面接においても，可能な限りの非行少年に関わる人々，あるいは，物理的には離れていても少年の行状を心配している家族を参集させる「合同家族面接」の設定が重要であることはいうまでもない。特に，子どもは親を煩わしく遠ざけ，親は反発するばかりの子どもの養育に無気力となり，「うるせえ・金・死ね」といった言葉しか交わされない状態に陥った家族が少なくない非行臨床においては，「家族のいるところ」を作る努力自体が治療的となることは，筆者が繰り返し述べてきたところである。

　この点で，1950年代に統合失調症の家族療法プロジェクトから創出された合同家族療法が，"欺瞞・矛盾"といった深い家族病理に焦点を当てたのとは異なるが，「家族相互作用」に着目し，家族間のコミュニケーションの混乱に介入する合同家族面接のアプローチは，非行臨床においても十分に有用である（Jackson, 2009）。問題行動，具体的には非行事実への直面化が不可欠であることは，非行臨床の常識であるが，そこで

の家族面接の手技として，合同家族面接の形式で家族葛藤の直面化，すなわち，「きちんとガタガタする」の重要性を強調したい。

1．〈隠蔽〉か〈顕在化〉，家族アセスメントの要点

このような目的から設定された合同家族面接場面では，参加した家族員の心情をきちんと峻別しながら受け止めることが第一となる。子どもの問題行動が一定期間維持されているのであるから，家族間に葛藤が生じていることは自明であるが，それが〈隠蔽〉，それとも〈顕在化〉されているのかは，最初の家族アセスメントの要点である。「問題なのはこの子だけ」と本人がスケープ・ゴートにされることがある。家族間の葛藤，とりわけ，両親間の折り合い不良が隠蔽されていると，専門機関の援助に対しても，「世間体が悪い」などを口実に家族の抵抗が強いことが特徴的である。崩壊リスクの高い，ぼろぼろになった家族システムであっても，それをどうにか維持しようとするのがシステムの恒常性である。専門機関という外部からの介入で崩壊を促進してしまっては，たとえ民間のクリニックであっても臨床機関としてはやり過ぎであろう。特に，公的機関では，治療的働きかけも公権力の行使であって，「効果があるものはやる」という一般的な臨床原則は不適当であり，副作用に十分配意した，あくまで謙抑的な姿勢が治療者に求められるのは当然である。

反対に，親の離婚や別居，嫁－姑間の不仲など葛藤が顕在化している場合などは，「子どもの非行化は親の問題」とステレオ・タイプに決めつけて，家族全体への援助的関わりが消極的となり，究極的には，子どもを施設に入れる，里親に預けるなどが治療者に選択されがちとなる。親子分離も緊急避難的には必要な措置であるが，このような自立優先の「親には頼らない」「親を見限るアプローチ」から，本章で主張してきた機能不全家庭に対するシステムズ・アプローチによる家族援助への転換が重要と考える。

隠蔽－顕在化であれ，家族が面接場面では「外面」を装うことができるかは，重要なアセスメントのファクターである。うちとは違う子どもや親の立ち振る舞いが面接場面で見られることは，変化の可能性を示す

ものである。ただし，家族員の衝動的な暴力，反対に面接室にも入って来られない，机の下に隠れてしまう，言葉が出ないで首を振るのみといった状況が子どもに出現するときは，合同家族面接ではなく，子どもや保護者だけの個別的対応が必要な，あるいは，そもそも面接という手法が不適当な病態水準ということになる。

2．〈自他の境界〉の意識化

次に，主訴を家族員それぞれに尋ねていくことになる。具体的には，「あなたからすれば～」，「お母さんからすれば～」「お兄さんからすれば～」と〈自他の境界〉を意識して聞き及び，それぞれの違いを明らかにする。それに，面接者の受け止め方（「私は～と思う」），教師や友人の受け止め方（「彼（彼女）は～と思っているのかもしれない」），さらには社会の受け止め方（「彼らは～と思っているかもしれない」）と展開して，それぞれの意味するところを"翻訳"し，すり合わせていくという心理臨床の基本形に立ち戻ったアプローチを採用している。何より，自他の区別がつかないからこそ，人様の物に手をつける〈窃盗〉や他者の痛みが分からない〈暴行・傷害〉といった犯罪行為が生ずるというストーリーのもと，自己と他者の境界の明確化は，ほかの臨床領域以上に非行臨床では意識化されるべきアプローチであるといえよう。

この手法は，仮に面接場面に不在の家族員についても応用可能である。例えば，父親は参加していない子どもとの面接の場面で，「父親からそういわれて，君からすると○○のように受け止めたのかもしれないけど，それを聞いている私からすると□□のように思えるな。ひょっとするとお父さんは◇◇のつもりでいったのかもしれないけど，（本人が憮然としてくるので）君からするとやっぱり○○なのかな」と面接者は尋ねる。子ども本人の言動が，どのように父親には受け止められたのかを子どもに思いめぐらせるのである。このときに，決して子どもの言動を否定視せずに，「聞き置く」姿勢にとどめることがポイントとなる。クライエントと家族に「こういう感じ方，考え方もあるのか」と違和感を抱きながらも，感情的に反発して援助の場からドロップアウトするぎりぎりの線

まで、「自分のことをどうすれば分かってもらえるのか、これからどうすればいいんだ」と葛藤を抱え込んでもらう体験を意識的に面接場面に取り入れている（生島, 2011）。

3．家族間葛藤の扱い方：「きちんとガタガタする」場の設定と介入

このようなアプローチを「きちんとガタガタする」と筆者は称しているが、もちろん単に対立・葛藤場面を作り出せばいいというものではない。まず、面接場面が「安全・安心」できるものと参加家族員に体感してもらうことが前提となる。いわゆる、ラポールが基本になるが、治療者が主導的に仕切る、適宜な治療的介入が重要となる。具体的には、家族内コミュニケーション、特にコミュニケーションの連鎖に着目した介入が行われる。例えば、子どもがいうことを聞かず母親がイライラ⇒母親の手に負えなくなるので父親に助けを求める⇒普段接していない父親の力は及ばず、母親とケンカになる⇒父方祖母が割って入って嫁である母親を非難⇒父親は引き下がってしまい権威も低下⇒子どもが親のいうことを聞かず母親がイライラ、といった連鎖があると仮定する円環的認識の例について考えてみる。治療者の介入の一例としては、治療者の隣に父方祖母の席を移して祖母の立場に配意しながら（治療者の権威による祖母への肩入れ、祖父母と両親の世代間境界を明示）、父母が協力して子どもに対処する場面、例えば門限を決める、といった場面を面接のなかで再現し、従前のコミュニケーション連鎖の変化を試みるのである。

このようなアプローチを適用できるか、見立てる際の手立てが「ジェノグラム・インタビュー」である（McGoldrick et al., 1999）。非行臨床では、従来、バラバラな「遊離した」家族関係が特徴といわれてきたが、例え両親との間がそうであっても、家族と情報を共有するように小さなホワイトボードに記したジェノグラム（家系図に類似した家族関係図）を前にして、祖父母やおじ・おば・いとこなど家族と同居・別居を問わず「本人の行状を気にかけている家族員」を見いだすことが、第2章で詳述したHirschiのいう愛着対象の拡大の観点からも重要である。特に、親の離婚やひとり親など諸事情のある家族が多い非行臨床において、本

人は「居場所感のない=孤立した」イメージを抱きがちであるが，親族という社会的資源・絆を図示するジェノグラムは，本人をエンパワーメントし，介入の焦点を視覚化するものとしても有用である。

4．治療者の役割：介添え・通訳・差し水

　合同家族面接場面で現れがちな家族員のネガティブな言動，ほかの家族員に対する価値下げをポジティブとまではいかないが，少なくとも放置しない作業が肝要である。例えば，父親が「どうにもならない，少年院に入れるしかないですよ」と言い放ったとして，「親が施設に子どもを入れたいはずはない。そこまで厳しい覚悟が必要ということですよね」と父親を持ち上げる。あるいは，無言でいる子どもについて，「いいたいこともあるけど，まずは親のいうことも聞かないという気持ちの現れだよね。ともかく面接に来たのは評価するよ」と口添えするなどのアプローチである。面接場面で，率直に心情が表明されて，家族員同士が一時的にガタガタするのはよいが，硬直化・固定化，煮詰まってしまっては逆効果で，治療者は「介添え・通訳」，そして，「差し水」の役割を果たさなければいけない。

　具体的な手法として，葛藤関係にある者への差し水，そして，折り合いを図る介入として，強い感情表現の裏にある正反対の感情，すなわち，愛憎半ばといったアンビバレントな感情のすくい取りは極めて有用である。これを丁寧に繰り返せば，家族面接で重要な親子双方への肩入れにつながる。家族面接の継続には，治療者による特定の家族員への肩入れと同時に，治療者の中立性を保つ姿勢を家族の面前で示す過程が不可欠である。そのために，きちんとガタガタする場である合同家族面接に，子どもと親との並行面接を織り込んでいくこともときに必要となる。合同と並行面接のバランスを図る治療構造の構築，治療からのドロップアウトを回避するリスク・マネジメントが問われることになるのである。

　治療者が2名の場合，例えば，経験や年齢の異なる男女であれば，両親間，あるいは，親子間で意見の対立，葛藤が深まったときに，治療者がロールプレイにより「きちんとガタガタする」場面を演じる介入も可

能である。すなわち，子どもの意見・立場を若年の治療者が，対立する親の意見・立場を年長の治療者がロールプレイし，「きちんとガタガタする」ことを治療者同士が家族の前で演じて見せるのである。その折り合いの付け方まで示すことができればモデリングということになるが，家族側が仲裁に入ってくれたとすれば，それも治療的ということになる。

5．合同家族面接の効用：いつまでやるのか

　合同家族面接の設定は，多くは子どもの非行化に困窮した親が，「この子は親ではどうにもならない，どうにかしてほしい」と治療者のもとに駆け込むことで実現され，危機介入として家族との関わりが始まることになる。治療者の前での子ども，そして，親双方の変貌，それは家庭での行状，立ち居振る舞いと面接室での違いを見せつけることになるが，治療者の本領発揮であり，何よりも変化の可能性を家族自身に感得させる介入ポイントとなる。やがて，問題行動の波はありながらも，「徐々に落ち着いてきた」との体感が治療的動機付けとなり，面接の効用が出てくれば治療は継続され，後述する〈時間稼ぎ〉の有力な手立てとなるであろう。

　まとめれば，合同家族面接は，治療開始当初の危機介入段階で実施されることが有用である。本人のために家族が参集する過程そのものが，「家族は本人を見捨てない・本人は家族をあきらめていない」ことを双方に体感させるものとなる。本人の治療的動機付けの欠如を補填するものとして，治療者の権能を駆使して設定される合同家族面接は有力な介入ツールであり，家族から立ち直りを支援されているという「手応え」を感得させ，治療者の継続的関与を具現化するために不可欠である。治療の継続が確保されれば，本人の問題性に沿って，個別面接，親子並行面接など，多様なアプローチが採用されて，本人・家族双方の発達過程の見守りも可能となるのである。

第4節　家族支援プログラム：非行臨床における家族教室

　過重なケース負担を抱える臨床現場では，本人だけへの関わりで精一杯であり，特に複数の家族を扱う「家族集団療法」のような治療者がチームを組むことは困難を伴う。しかし，臨床訓練も兼ねて経験年数が異なる者がスタッフを組むことは有益であり，SST（Social Skills Training）のようなマニュアル化された処遇技法を持つアプローチであれば，組織的な展開も容易となる。1990年より横浜保護観察所で筆者らが創設，組織的に実施した「家族教室」では，構成的エンカウンター・グループ形式（國分，1992）によりSSTを活用し（東大生活技能訓練研究会，1995），必ずしも心理臨床家ではない保護観察官によっても運営が可能なプログラムが実現している（生島，2003）。

　この「家族教室」は，統合失調症を代表とする精神障害者の心理教育におけるストレス・マネジメントをモデルとしている（後藤，1998）。すなわち，

1）正確な知識情報を得ることでスティグマや自責感を軽減する。
2）技能訓練や経験の分かち合いにより対処能力やコミュニケーション能力を増大する。
3）グループ体験や新しい社会的交流により社会的孤立を防止する。
4）専門家との継続的接触により負荷を軽減し，適切な危機介入を行うことができる。
5）協働して治療を進めることやほかの家族を援助することにより自信と自尊心を回復する。

などが目的となる。ただし，非行臨床と精神科臨床との相違から，1）は刑事司法制度の知識情報を得ることによる無用な混乱の軽減であり，5）は「非行と向き合う親の会」といった自助グループでは該当するものの，筆者らの公的機関からの呼びかけによるものでは〈ほかの家族を

援助することにより自尊心を回復する〉面は後退せざるを得ない。さらに，精神障害者のリハビリテーションに大きな影響を与えた Liberman の手法に学んで，SST を活用している（Liberman, 2008）。

筆者らが 1990 年から積み上げてきた非行臨床，当時の勤務先である保護観察所での実践マニュアルの詳細を提示する。個別ケースでの家族面接が基本であるが，処遇のメニューの多様化，そして，孤立した非行少年の子どもを抱えた家族への支援としてグループワークは有用である。

保護観察の開始時，あるいは，子どもが少年院在院中に家族に任意に参加を呼びかけ，2 時間のセッションを構成的グループ・エンカウンター形式で行う。その目的は，次のような事項である。

1）家族に共感し，家族の努力を肯定してサポートを与える。
2）参加メンバー間に相互援助システムを作り上げ，個々の家族の問題解決に有用なサポートと情報を与え合う。
3）家族間のコミュニケーションを改善するために有効な対処方法を修得させる。
4）家族の問題解決技能を高める働きかけを通して，家族機能の改善を図り，本人の再非行の抑制に寄与する。

といったものである。

セッションをリードするファシリテーターと助手に加えて，職員研修を兼ね合わせる目的であってもスタッフは 5 名前後とする。男女ほぼ同数で，20 代から 50 代の幅広い年齢層となるよう心がけ，それぞれの家庭での役割や体験がセッションに反映されるよう配慮する。セッション前の準備としては，20 名程度が収容できる会議室で実施され，あらかじめ折り畳み椅子を円形に並べておく。参加人数より多めの座席が用意され，座席の指定はない。参加者の了解を得て記録用のビデオカメラ，ホワイトボードを設置しておく。名札も用意しておき，セッションでの呼び名とその下に子どもの年齢と性別をスタッフも含め記載しておく。感想や要望を尋ねるアンケート用紙も用意しておき，セッション終了後に

提出を依頼する。

　セッション前日に1時間程度の打ち合わせを行う。そこでは当日のファシリテーターや助手，ビデオカメラによる記録者などの役割分担を決めるほか，参加予定者の人数などを確認する。参加家族についての事前情報は，家族がうつ状態にあるなど対応する際に特段の注意が必要なこと以外，子どもの非行内容なども含め共有しない。これまでの経験から，予断を持たないで参加した方が「いま，ここ」での話し合いがより可能になるようである。

　セッションの実際としては，

1）家族教室の説明（5分）

　　ここで知り得たほかの参加者のプライバシーに関することを口外しないこと，「家族教室」に参加したことで保護観察を受けている子どもの保護観察の成績は左右されないこと，記録用にビデオ撮影を行っているが外部には一切出さないこと等を説明し了解を得る。

2）ウォーミングアップ（5分）

　　ウォーミングアップは，参加者の緊張を和らげるためのものであるが，ゲーム性の強いエクササイズよりは，保護観察所が実施する「家族教室」というイメージを裏切らないものが，かえって参加者には安心感を与えるようである。名前程度の自己紹介の後，ラジオ体操にある運動を各自一つ選んで全員で行い，順番に続けていく，二人ペアになって自己紹介し，その内容を"他己紹介"の形で全体の参加者に発表する，参加者に白紙の手紙が入った封筒を渡し，例えば「20歳になった子どもから手紙が送られてきた」と想定してその内容を順番に発表していく方法などを使っている。この段階では，子どもや両親間の問題にいきなり焦点が絞られ，急激な感情の表出とならぬよう配意が必要である。

3）困っていることの聴取（40分）

　　「今，困っていることは何か」，「それがどうなったらいいか」，「そのために今何ができるか」を明確にしていく過程である。聴取した

ものはホワイトボードにまとめるなどして，その日の検討課題を決めていく。大切なことは，ただ困っていることの事実関係を確認することだけではなく，親の苦労を参加者全員でねぎらうことである。ファシリテーターが，参加者の話を繰り返したり，要約したり，言い換えたりする作業の間に，参加者が，話を聞いてもらえたと実感できること，ほかの参加家族の話を聞いて「悩んでいたのは自分だけではなかったんだ」と共感できることが何よりのねぎらいになり，勇気付けられるものとなることが多い。

4）ロールプレイを活用した心理教育的助言（60分）

　家族の抱える問題を明確化し，焦点の合った心理教育的助言を行うために，問題場面をいつものやり方でロールプレイにより実演してもらう手法を活用する（台，1986）。さらに，実演された場面のなかで良い部分を参加者の賞賛により行動の強化を行い（正のフィードバック），もっとうまくやるために参加者でいろいろなやり方を考え，モデルとなる家族の対応をファシリテーターから教示し（モデリング），コーチを受けながらロールプレイでその対応を練習するSSTの手法も場面により援用している。経験がない家族をロールプレイに誘うには，特別の配慮が必要であり，スタッフが最初に親子双方のロールを演じてモデルを示し，次に親が演じやすい子どものロールをやってもらうことが有用である。

家族教室など家族へのグループ・アプローチは，すでに全国展開されているアルコールや精神障害に対するものと同様に，保護観察所等の公的非行臨床機関に限らず，さまざまな地域の臨床機関で実施される臨床のメニューの一つに組み入れられることが望まれる。

第5節　立ち直りに不可欠な〈時間稼ぎ〉：システムズ・アプローチの終結

非行少年の縦断的研究は貴重だが，最近，中学校在学中に逮捕され少

年鑑別所への観護措置となったような非行性の深刻な少年の再非行状況や家庭に関するリスク要因と保護要因について縦断的に調査した実証的研究が報告された（高山ら，2014）。福岡家庭裁判所調査官による平成3年4月2日から翌平成4年4月1日生まれの出生コーホートのうち，中学校在学中に身柄事件として係属した65人（男子52人，女子13人）の20歳までの再非行や立ち直りの経過を量的及び質的に分析した貴重なものである。それによると，中卒後再非行がなく家庭裁判所に事件係属していないのは男子の約33％，女子の約46％となっている。少年事件は，全事件が警察から家庭裁判所に送致されるのが原則であり，ほぼ正確な再非行調査の数字といえるだろう。中学生として逮捕されたような深刻な事例であるから再犯率も男子7割，女子5割と高率なのは致し方ないのかもしれない。

相関関係による分析に加え，事例分析も踏まえると，10代の母親であること，少年に施設入所歴・児童相談所係属歴など早発の問題行動がみられること，中学時代に捕まって以降の親の養育態度（放任・拒絶・監護者の頻回交代）などがリスク要因として見いだされている。肝心の保護要因（プロテクティブ・ファクター）としては，親以外に支援者がいること，家族から専門機関への自発的来談があることは，自立を含めた少年の社会適応向上との相関を示していた。このことは当然であるとしても，興味深いのは「保護要因が累積」することを示唆している点である。つまり，就労や家庭からの自立，適切な異性との親密な関係が更生要因であることは，日本，欧米の研究からも明らかであるが（大渕，2006），このような可変的要因が累積するための，つまり，非行からの離脱へのチャンスを生かす物理的条件としての〈時間の経過〉に注目する必要がある。

家族療法が紹介された初期の時代，1980年前後には，「家族システムの変化による問題行動の消失」を図るアプローチと理解されていた（日本家族心理学会，1983）。しかし，「家族システムの変化」などというものは，法的に専門機関の関与が制限されている非行臨床では現実のものではない。むしろ，子どもの発達プロセスを確保すること，そして，立

ち直りの契機となる就労や「人との出会い」の可能性を高めること，そのための土台作りに不可欠な〈時間稼ぎ〉は，非行臨床の基本である。本人も，友人たちも加齢に伴う成長，いわゆる「最近落ち着いてきたね」という状態に持ち込むこと，そして，「あの人と出会ってから変わった」という立ち直りのストーリーの共有ともいえるであろう。後先を考えない衝動的行動，あるいは，「ここでしくじれば，もうおしまいだ」と思い込んでいる少年自身，家族それぞれに水を差し，息切れ，くたびれ果てないよう，危機介入のプロセスを経て持ちこたえてもらうこと，非行臨床の第一義的な支援目標はこれに尽きると考えている（生島，1993）。

　家族臨床などの心理臨床の対象を感情・行動・認知とすれば，それらの変化を追求するのが欧米のアプローチ，具体的には第3章で取り上げたマルチシステミック・セラピーや機能的家族療法の本質といえるであろう。それに対して，筆者が重視するのは，時間をかけた「致し方ない」という生育歴を含めた家族環境，家族関係を家族自身が自己受容することである。

　臨床場面で説明しよう。合同家族面接において，親は「自分ができなかったことを子どもにさせたい」，子どもは「親のようにはなりたくない」と思いが表明され，激しく衝突する。あるいは，表面上は隠蔽されつつ，暗に・言外に示される。筆者は，〈親こころ・子どもこころ〉と聞き置きつつ，「そうはいっても致し方ない」と思い至る道筋に同行することを旨としている。これが，〈時間稼ぎ〉の臨床上の意味合いである。

　最新の非行・犯罪からの離脱に関する実証研究では，立ち直りには多様なきっかけと手法があって，何より紆余曲折の時間が必要であることが明らかとなっている。クライエント自身のライフ・ストーリーが物語られることによって，犯罪からの離脱（desistance），あるいは，自己変革としての立ち直りが実証される重要性が示されている（Maruna, 2001）。

　筆者は，前節で「きちんとガタガタする」ことの臨床的な意味合いを重視し，ここで「そうはいっても致し方ない」と時間をかけて思い至る道筋が不可欠であることを強調した。このことは，論理的には矛盾するようにもみえるが，臨床プロセスとしては自然な流れといえるだろう。

まずは，本人・家族が問題を抱えている状況を直視した上で，折り合い・塩梅をつける過程が初めて展開される，その可能性が生じるからである。

　非行臨床における家族支援では，「○○できない」という親の無力感は，子どもに対する〈コントロール好き＝強迫性〉，そして，長期間のコントロール不能状態の継続から生ずる。一方，生育歴や家族状況における負因，すなわち，「○○であっても致し方ない」という受け入れがたいものの耐容には，専門家による支援に加えて，少年自身が親やその年齢になるまでの成長，すなわち相応の年月がかかることは「致し方ない」現実である。専門家による危機介入的アプローチから始まる支援が，「ときに外部の助けも借りながらどうにか家族でやっていける」という段階が治療の終結の目安となる。

　ところで，長期の継続的な治療的関与は，非行臨床においても大きな効能を生むが，副作用としてクライエント・家族の治療者への依存・依頼心も増してくるのが常道である。「間違いなく良くなりますよね」，「どうすれば，もっと早く改善しますか」，「やれることは何でもしますから……」と治療者へのプレッシャーは大きくなるばかりである。相手方の寄る辺なさを受け止めながらも，「こうすれば良い」との安請け合いもしたくない，いや，できない。筆者は，このようなときに，「必ず良くなりますが，時間をいただけますか？」と答えることが多い。家族は，静かに頷くが，治療者への過度な依存を抑止し，同時に治療的動機付けを維持したい。これも〈時間稼ぎ〉を図りながら，かつ，継続的な支援が必要不可欠な臨床の要点を踏まえた応答の一つである。

第5章 ❖ 事例研究：危機介入と子どもの発達を見守る家族支援に関する長期経過

第5章

事例研究：危機介入と子どもの発達を見守る家族支援に関する長期経過

はじめに

　本章の事例は，筆者の前職である保護観察所といった公的な非行臨床機関のものではなく，現在所属している臨床心理士養成のための大学院に附属した相談室で取り扱ったものである。臨床システムの治療構造を勘案して，それに合致した手法を自在に工夫することがシステムズ・アプローチの特徴であるが，本事例でも，刑事司法機関での取り扱いと本質的な差異は臨床的には認められない。非行少年本人には治療的動機付けが欠如していること，家族へ強制的にアプローチできないことは，非行臨床全般に共通するものである。それゆえ，筆者が保護観察官として刑事司法機関において実践してきた手法は，一定の工夫が必要であっても，心理臨床はもとより学校臨床等ほかの現場でも十分適用できるものであった。さらに，非行臨床機関では治療的関与に法的制約があって実証できなかったが，本事例は個人の発達に伴う変化が，その非行に与える影響と立ち直りに資するプロセスを検討できる貴重な長期的研究となっている。発達過程に寄り添った家族への危機介入と継続的支援が，的確なフォローアップにより成人期に至るまで効果を持続できるのか，という非行臨床にとどまらず，思春期青年期臨床の課題に答えるのが本章の目的である。

　なお，欧米のシステムズ・アプローチと対照するならば，第3章で取

り上げた機能的家族療法（FFT）が，特に危機介入段階では近似している。合同家族面接により家族コミュニケーションに直接的に介入し，肯定的なメッセージを増やし，否定的なメッセージを減らしていく手法，そして，親にとってまるで「外国人」のようになってしまった子どもとの「翻訳者」の機能を治療者が果たすよう強調されている点も同一である。

　非行事例に長期間治療的関与を継続して，立ち直りの全過程を提示している本事例の相談期間は9年余りに及んでいるが，後半の個人面接の経過は概略とし，前半の家族支援に絞って，発達を保障し，〈致し方ない〉と自己及び家族受容を耐容する〈時間稼ぎ〉の工夫をまとめている。ときに詳しいやり取りが示され，煩瑣な記述となっているが，治療的動機付けの乏しい，いつドロップアウトするかもしれないクライエントに対しての"いま，ここ"の細やかな介入こそが家族臨床の妙味である。詳細な事例の紹介であるが，秘密保持のため必要な修正は加えており，事例の公表に関して本人，両親の承諾を相談開始時はもとより終結，さらには公表に際してもあらためて得ている。

第1節　介入の焦点

1．事例の概要

本人：A子，初来談時16歳（高校1年生）

（1）生育歴・問題行動歴

　A子は小学校高学年からクラス内で女子とトラブルが多く，小6の時，A子が攻撃的な態度をとったことで友だちに見放されてしまい，2学期から保健室登校になった。当時の養護教諭を信頼し，保健室はA子の居場所となっていた。小学校卒業後もこの養護教諭との交流は続き，ことあるごとにA子や保護者は相談に出向き，養護教諭は筆者の所属する大学相談室への紹介者となっている。

　中学校でも交友関係は上手くいかず，クラス内でいじめられ，A子は孤立し遅刻や欠席が多かった。しかし，小学校時から続けているビオラ

は得意であったため，管弦楽の部活動で頑張っていた。家庭での親子関係は悪化していた。中3の3学期から酒・煙草・化粧・ピアス・茶髪・テレクラ遊び・不純異性交遊とエスカレートし，卒業後の春休みはほとんど男友だちの家に外泊していた。

　私立高校入学以降も状況は変わらず，2週間でそのことが学校に知れ，自宅謹慎となった。5月半ばに謹慎処分が解けたが，早々に万引きをして警察に捕まり，両親がそのことを咎めると，家出するといって家庭内で大暴れをしたことから，紹介者（小学校養護教諭）が一時的に自宅に預かり登校させるまでに事態は深刻化していた。

（2）家族状況（初回面接時）

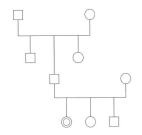

父方祖父（70歳代）
父方祖母（60歳代）
父（40歳代）：自営業，祖父から継いだ食料品店
母（40歳代）：自営業手伝い
本人（高1）　妹（中1）　弟（小4）

（3）治療構造，アセスメントと治療方針

　a）治療構造

　父親は14回目までの参加となったが，両親やA子との合同家族面接が先行し，事例の経過とともに必要に応じて，A子と母親の並行面接，両親（夫婦）面接，母親及びA子の個人面接の形式が治療構造として採用された。A子の行動化が激しかったはじめの1年は，1週間から10日に1回のペースで面接を行い，その形式も激しく変動する状況に即して多様であった。A子が落ち着き始めた2年目は，面接は月1回のペースになり，治療構造も基本的にはA子，母親の母子同席面接の形に落ち着いた。3年目からは本人単独の面接となって，就労してからは相談料も本人が支払い，5年目からは面接の頻度が3カ月に1回，半年に1回と徐々に減少した。8年目を迎え，東日本大震災・原発事故の影響も乗り切れていることから，母親からも生活状況の確認後終結とした。

なお，本相談は，臨床心理士養成大学院における臨床実習の一環として行われており，サブ治療者でもある大学院生が陪席し，有料で行われた。秘密の保持に配慮し，本人・家族の了解のもと事例研究発表も行うことがある旨，誓約書を徴した。
　b）アセスメントと治療方針
　アセスメントと介入のための面接を区別することは実際的でなく，行っていない。非行問題においては，面接をしながらのアセスメントであり，即時的介入が求められる。本事例は，女子非行の典型であり，非行化が急速に進行しており，よそに預けるといった「親の見限り」が顕在化し，不純異性交遊もあって「家庭からの離脱」の危機も迫っていた。
　第3章で述べた遊離・もつれた家族の観点からは，本人のために家族が相談室に招集できる状況であり，「遊離」するリスクは抱えながらも，本人－両親間には「もつれ」というか大きな葛藤が顕在化している。すなわち，〈隠蔽〉されていない点が評価されるのである。また，家族内〈境界〉である「世代間境界」の明確化が当面の目標であり，子どもの行動化に対処できるよう両親の機能強化が図られる必要があるとアセスメントした。
　急速な非行の深まりが原因とはいえ，親の不安の高まりは，本人の「見捨てられ不安」を増長し，さらに非行行動を誘発するという最もハイリスクな状態を招いており，これを回避するための危機介入が第一と判断した。「子どもを見離さない」ことを具現化する家族合同面接は必須であり，特に父親の参加が不可欠と考えた。祖父母の参加は，ひとり親の事例などではリソースとなるが，本事例では世代間境界の明確化を優先し，両親機能を高めるためにあえて求めなかった。

第2節　事例の全体経過

　まずは，全体経過を俯瞰すると，次のようにまとめることができる（面接の回数を＃で示す，＃3は第3回目である）。
　なお，「　」はA子，〈　〉は治療者，《　》は父親，【　】は母親の言

第 5 章 ❖ 事例研究：危機介入と子どもの発達を見守る家族支援に関する長期経過

葉であり，介入のポイントを太字で明記した。

第 1 期：合同家族面接により"きちんとガタガタする"場の設定と本人・両親双方とのジョイニング（波長合わせ）に努める
（#1：X 年 5 月〜 #10：X 年 8 月）
第 2 期：A 子を見守る両親面接の形で"折り合いをつける"関係の調整を図り，親機能を強化する
（#11：X 年 9 月〜 #16：X 年 11 月）
第 3 期：A 子が再登場，親に連れて来られたのではない「自分の面接」となる
（#17：X 年 11 月〜 #26：X ＋ 1 年 3 月）
第 4 期：母親が A 子を温かく見守り始め，行状が落ち着いていく
（#27：X ＋ 1 年 4 月〜 #31：X ＋ 1 年 9 月）
第 5 期：A 子自身が「変わりたい」という気持ちを語り始める：自己及び家族受容のための〈時間稼ぎ〉
（#32：X ＋ 1 年 10 月〜 #36：X ＋ 2 年 3 月）
第 6 期　家族全体を視野に入れた A 子との個人面接へ移行する：発達を保障するための〈時間稼ぎ〉
（#37：X ＋ 2 年 4 月〜 #44：X ＋ 3 年 3 月）
第 7 期　仕事が決まらずイライラしていたが，ようやく就職が決まる：自立を促進するための〈時間稼ぎ〉
（#45：X ＋ 3 年 4 月〜 #55：X ＋ 4 年 6 月）

　その後は，自らの主訴で面接料金を支払い来談するという内容的にも形式的にも個人面接となった。第 8 期（#56：X ＋ 4 年 7 月〜 #60：X ＋ 5 年 6 月）では，「子どもができた。産もうと思ったけど，だめだった」ことが告白され，妊娠が分かったのは 6 週目だったが，「彼は，最初は頑張ろうって言ってくれて，でも彼のお母さんから無謀だと反対された」とのこと。治療者は，〈子どもが欲しいならそれを，そうでないなら避妊を B 男にきちんと伝えないといけない。自らの親にも隠しておくことは

できないよ〉と話しづらいことを避けず，きちんとガタガタすることが大事と繰り返した。水子地蔵に彼氏とともに毎月お参りしているが，仕事中ボーッとしてミスすることも多く，中学生の頃から悩んでいたパニック障害の発作が電車のなかで出て服薬していることも報告された。

第9期（#61：X＋6年4月〜#67：X＋8年12月）では，1年ぶりの面接であり，母親も2年ぶりに同道した。B男が正月に菓子折りを持って挨拶に来るようになり，二人で100万円を目標に貯金しているという。A子は「今は家が一番良い」といい，【親は期待を大きく持たず，できないことはできなくて当たり前って思って，子と一緒に成長していく形です】と母親はこれまでを振り返った。A子の雑貨店勤めは4年目，B男とは交際8年目になる。工員としてB男の仕事は続いているが，車のローンがあり，ギャンブル好きで，貯金が目標額にならないとの不満がA子から出る。

体調は変わらず，通院・服薬を継続しているが，自分のお金で車の免許取得に教習所に通い始めている。X＋8年3月，東日本大震災・原発事故当日の午前中が面接日であった。

被害がなかったことはすぐに確認できたが，同年12月，母親と来談した。自営の食料品店は大繁盛で，A子も雑貨店を辞めて配達など手伝っているとのこと。治療者が，〈巷では，震災があると……〉と話をもちかけると，A子は「結婚！」と笑顔で答えた。母親は，【こんなにしっくり落ち着いてくれるなんて想像しなかった，人間の成長ってすごいですね】と述懐する。治療者は，A子24歳，B男26歳の年齢も確認し，来年以降の面接の継続について尋ねた。母親と往きの車中でその話をしてきたようで，A子は，「車の免許を活かして新しい仕事に就こうと思っているし，今年で終わってもいいかな。けじめ，区切りとして。何かあれば，報告っていう形でもいいですか」，母親も【こんなに笑って話し合える親子になれると思ってなかった】という言葉にA子，そして，治療者も頷いた。記録を整理してまとめること，秘密保持に配慮して研究のため公表することの了承を再確認した。

X＋10年目の正月，「昨年結婚しました，とても幸せです」と付記さ

れた結婚式の写真の年賀状が届いた。

第3節　システムズ・アプローチによる家族支援の実際

　第4章で取り上げた、「家族を手立て」とする立ち直り支援における家族合同面接のなかで展開される手技の実際について、前述した事例経過の各期において実践された具体的用法を詳述していきたい。

第1期：「きちんとガタガタする」場とジョイニングに努めた合同家族面接

　治療者は仲介・通訳者として、面接場面が「きちんとガタガタする」場となるようジョイニングなどの技法を駆使して"下ごしらえ"に努めることとなる。実は、家族自身もこれまで自らのシナリオで家族への関わりを行ってきたが、問題・症状は悪化する一方、かえってこじれるばかりということもあって、家族のIPへの関わりは「腫れ物に触る」ような対応になってきていることが多い。家族は関わりに疲れ果て、その関係は硬直して行き詰まっている。まずは、「親子が互いを見捨てる・見限る」最悪の事態を危機介入的手技により回避しなくてはいけない。そこで、新しい家族ドラマを家族の「語り＝ナラティブ」によって再構成することになるが、その実際をみてみよう。

　#1　初回面接に、父母とともにA子も来談した。両親に連れて来られたコンテクストを読み取って、不服そうなA子に面接時間はどのくらいと尋ねると「1時間」と答える。〈それ以上は無理か？〉に頷く。〈きっとあなたも何か言いたいことがあるんだね〉とポジティヴに言葉を返す。出生時の良好な親子関係を想起させようと、〈初めての子どもなんだから親御さんもだいぶ相談して名前をつけたんだろうね？〉「分からない」、〈気に入っている？〉「まぁまぁ」と少し雰囲気が和らぐ。本人が面接の主役とのメッセージを伝えるため、〈あなたから二人を紹介してくれますか？〉と促すと、両親の年齢も正確に答えた。妹と弟がいることについ

て〈可愛い？〉「可愛くない」，〈最近むかついた？〉「妹からバカとかいわれて」，〈言われたらどうするの？〉「言い返したり……」と細切れの回答のなかから微細なコミュニケーションの糸口を探し出し，家族関係を読み取る努力を続けた。

　手にマジックのようなもので何か書いてあることについて尋ねると「ラブ（LOVE）」〈マジック？〉「彫りたいけど」と答えたので，治療者が，入墨は上手な人に入れてもらわないと滲んでしまい汚くなってしまう，後で消したくなっても費用もかかるが上手なところは少ないと伝えると，本人は静かに聞いていた。治療者が非行臨床の専門家であることを印象付ける介入である。

　〈今日来いって誰に言われたの，養護の先生？〉と尋ねると，「昨日，来たかったら来ればいいって」〈お母さんが？　来てもいいって，どんなことで？〉「違うこと言われると嫌だから」〈監視しに来たのか〉に本人は大きく頷いた。治療者への反発が和らぎ，ラポール（信頼関係）とまではいわないが，本人とある種の意が通じた瞬間である。家族療法では，家族システムへ参入するプロセスとして，「ジョイニング（波長合わせ）」を重視するが，少なくとも面接を拒絶しないと治療者が直感できた。

　そこで，家族それぞれに異なる主訴を尋ねることから始める。〈ここに来た経緯を話していただけますか〉に，母親が待っていましたとばかりに興奮した口調で話し始めた。自分たちで頑張れると思って見守っていたが，家族ではもう限界であると繰り返した。A子が家で泣き叫んで暴れ，家具を壊すことに困窮していることを話し出すと，A子が苛立ってきた様子がうかがえた。治療者は，A子の席を両親から引き離して，心理的距離を縮めてサポートする姿勢を可視化するために，治療者の傍らへ移す"シートチェンジ"という介入を行った。A子は，「欲しいものを手に入れたいので，キャバクラで働きたい」と言い放ち，突っ張り・虚勢を体現したが，ジョイニングの段階と考え治療者はあえて聞き流した。

　父親には，パワーレスとなるリスクの高い"子どもとの関わり"ではなく，"仕事に関する質問"をすると，《家業を継いで店売りだけでなく配達も行い，閉店後も遅くまで働いている》との発言を引き出しジョイ

ニングに努めた。母親は,【高校は卒業してほしい。でも,それは世間体からいっているわけじゃない】と治療者に強調した。治療者の仲介により,家族それぞれが思いを安全にぶつけることができる,"きちんとガタガタする"場の設定に努めることにより,治療的動機付けを高める方針をとった。

　#2　父母とA子との合同家族面接,前回の面接について感想をA子に聞くと,「父母にむかついた」とのこと。A子は,「遊び＝男の子と思われているから,親の話は聞かない」などと父母への不満や怒りを語り始めた。治療者の〈ここが役に立つとしたら何かな？〉と下手に出て(ワンダウンポジションで)尋ねたのに対し,A子は「これからの生活のこと。自分でどうしていけばいいか,まとまらない」と不安を口にした。

　この機を捉えて,A子と父母を別々にして面接する時間をとった。思春期危機にあるA子のアンビバレントな心情を個人面接のなかで聴き取る時間も必要と考えたからである。A子との個別面接では,仲間との連絡を絶つため,両親がA子の携帯電話を取り上げていることが話題となった。治療者は,ルールを作って折り合いをつけて携帯電話を使うようにアドバイスしたが,A子は「何も譲りたくない」と拒絶した。〈どうしても,携帯を取り戻したいなら,私から強引に両親に言う？〉と治療者が尋ねると,A子は「それはいい」と断る。そこで,アンビバレントな感情に言及し,〈携帯がないことに,少し安心感もあるの？〉には黙って俯いていた。「学校には行きたくない」「養護教諭のところにいるのが良いとも思っていない」と言うA子に,治療者は〈宙ぶらりんになるのは辛いこと〉と言語化されない意をくみ取ると,「どうしてもキャバクラで働きたいわけではない」とかたくなな姿勢を崩した。治療者の〈これ以上やると誰も何も言わなくなる。それは困るのだろう？〉の言葉にA子は「うん」と素直に頷いた。親子双方への肩入れと同時に,治療者の中立性を保つ姿勢が不可欠であり,家族合同面接に織り込む形での子どもと親との並行面接もときに有用な手法である。

　両親との面接で,父親はA子に携帯を返そうか迷っていると述べた。〈携帯を使えると9割は嬉しいけど,残り1割は心配させると思って自信

がない気持ちがある〉とA子の心情を案じ、さらに〈携帯がない事で、今の状況を親のせいにできる利点をA子は感じている〉と治療者が解説した。〈親としては、親のせいにされているということを知りながら騙されても良いのではないか？ "含み損"ということです〉と心理教育的助言を行った。また、母親は、A子が1度に複数の男性と性的な交渉をもったことを告げ、【こんなことをして普通の高校生に戻れるのか？】と切迫した様子で話した。治療者からは、〈A子は今までの男付き合いに満足はしていない、少なくとも後悔している〉とA子の心情を両親に通訳し、マジックで腕に "LOVE" や "amore" と書いてある拙い愛情欲求に言及した。〈今が一番とんがっている時。子どもの時間軸と我々のとは違う、これからの1年でずいぶん変わるもの〉、〈車に例えるとまっすぐには進まない "紆余曲折"、ガードレールがないと落ちてしまうので、あちこちぶつかりながらも、落ちないようにしてあげられるのは親しかいない〉と親の役割を教示し、"常識的非行臨床" で述べた「問題の状態に陥る経過と立ち直りの道筋は異なる」と心理教育的助言を行った。

　面接の最後に、〈これが君の今の状態だ〉、A子本人に見立てて、治療者は目の前にあった筆箱をテーブルの角から半分外に出して置いた。これまで口を挟まず、必死に面談の様子をメモするばかりの父親が、テーブルから落ちようとする筆箱にさっと手を添えた。〈時間はかかっても必ず良くなりますよ〉、治療者の言葉に両親は強く頷いた。

　#3〜#4　A子は自宅に戻ったが、学校に完全に行かなくなったと母親からの報告。「学校はつまらないので行く気ない。でも止めても仕事ないし、家にいてもつまんない」と居場所感のなさを語った。治療者は、学校に行くことのメリット・デメリット、仕事をすることのメリット・デメリットについて、もたもたとA子に会話が煮詰まらないように "時間稼ぎ" の質問を重ねる。ようやく、ほかの高校に編入してはどうかという案が母親から出て、高校見学に行くことを治療者は勧めた。A子と母親の並行面接も採り入れ、母親と治療者の面接の間にA子と大学院生の陪席者は別室で箱庭を作った。異なるアプローチ技法を組み合わせていくのも、システムズ・アプローチの妙味であり有効である。

母親からは,【高校をどうするのか。親が言っても反発するだけなので,本人の自立性に任せるべきなのか】相談があった。治療者は母親に〈A子本人は思うようにしたいのだが,その「思うように」というところが見つからない段階。現実に直面しての"落ち込み"は正常な立ち直りのプロセス。自主・自立性といわれても困ってしまう。少しの後押しは必要,反発も含めて,本人の意思表示なのだから〉と紆余曲折の重要性を述べた。母親が心配しているA子の落ち込みや無気力さに配意した「思いどおりにはならないが,どうにもならないわけではない」との意を含めた心理教育的助言である。

#5〜#8 母親と唇にピアスをあけたA子が来談。新しい高校に編入するために高校を見学したが,友達関係が心配になったという。母親が万引きの心配を治療者に話すと,A子は「やってない」と激しく否定した。【でも,買っていないものが部屋にあるよね？】と母親は厳しい様子でA子をにらみ,面接室は険悪なムードになった。〈お母さんがどうして心配しているか分かる？〉「分かんない」とふて腐れるA子に治療者は,警察での検挙から家庭裁判所への書類送致,その後の審判までの"窃盗事件に関する手続きの流れ"を厳格に説明した。16歳以上は犯罪少年として取り扱われると教示して,"ことは大事（おおごと）である"と印象付けた。「一緒に揺れてやることも大事」の意を込めた介入である（万引きの額にもよるが実際の家裁の措置は「審判不開始」が通常である）。

A子は,両親だけでなく,祖母とも敵対し,妹にも八つ当たりするせいで勉強ができなくなっていることに母親は怒っていた。【もう高校になんか行かずに,独り立ちさせたほうがいいのかも】と感情的になってきた母親を治療者は一度面接室から出して,A子との単独面接に切り替えた。A子は,リストカットをしていたことを話し始め,「切るとすっきりする」,「ものに当たるだけじゃなくて,死にたくなる」と落涙した。〈死なないことを約束しないとここでの応援もできなくなる〉と釘を刺した上で,〈これ以上やると,もう親も誰もぎゃあぎゃあはいわなくなる。でもそれは,自由になったということ？〉と諭し,〈ここで踏みとどまる必要がある〉と治療者は強い口調で話した。新しく編入した通信制高校で

はどういうふうに振る舞いたいのかと問うと,「人の話を聞いているだけでいい。小学校の時いじめられたから」とトラウマの深さを初めて言葉にした。

　#9〜#10　小学生に音楽を教える活動が高校であり,ビオラが得意なＡ子がそれに参加したことを母親が嬉しそうに報告した。一方,男友だちが自宅に泊まりに来ることを母親はよく思っておらず,Ａ子と激しい言い合いになった。治療者が介入し,〈お母さんからすれば何を心配しているのか？〉とＡ子に向かって問うと,「男の子が来るからセックスをやってると思っているんじゃないの」と答えた。〈でも,あなたからすれば悪いことをしない限り,何をしてもいいと……〉とたたみかけると,「自分ちでそんなことしないよ」とＡ子は反論した。さらに,"自他の境界"の意識化である〈親からすれば……〉と立場が違うと思うこと,感じることが違うという"葛藤"を再現するために母親に問うと,【父親は,この子をまるで動物みたいだと言っています】と答えたのに対し,「ばかじゃない,気持ち悪い。そう考えることがおかしい」とＡ子は吐き捨てるようにいった。その後,Ａ子から一気に言葉が溢れ,「母親が部屋に入ってきて男友だちと別々に寝かせようとした。いつも見張っているみたい」「家ではセックスはしない。男がいるからするとは限らないんだから」と訴えた。"きちんとガタガタする"場となって,ようやくＡ子から「友だちができるかどうかなんて,どうでもよくなった」と友人関係に苦慮してきた心情が吐露された。治療者の〈何もかも投げ出してしまうような言い方だけど,将来はどうしていきたいのか？〉との問いに対する,「特にない。ただ,仲の良い家族を作りたい。結婚して子どもが欲しい,自分の家みたいにはしたくない〉とのＡ子の語りを母親は静かに聞き置いていた。面接が,第4章第3節の「家族葛藤の直面化」のプロセスである,安心して親子の葛藤を再現できて,親子の関係が崩壊することなく,ほどほどに落ち着いて終了する場となることができてきたと治療者は評価した。

第5章 ❖ 事例研究：危機介入と子どもの発達を見守る家族支援に関する長期経過

第2期："折り合いをつける"関係の調整を図り，親機能を強化する短期集中的アプローチ

短期で治療効果を顕在化させるために，問題の解決に焦点を合わせる手法として，

1）見方を変える：問題のないときを考える，ノーマライズする（問題視しない），メタファーや物語を使う，新しい準拠枠を与える（貼られたレッテルを変える）。
2）内外の資源をつなぐ：ほかに助けてくれそうな人を探す，どうしてそれ以上悪くならなかったのか，物事が改善したとき何をしたかを尋ねる。
3）考え方，経験の仕方を変える：問題が生じているときと，そうでないときの違いを見つける，問題が起こるパターンへ小さな介入をする。

といった創意・工夫を第4章で紹介した。病理や問題点に焦点が当たりがちで，その深刻さゆえに現実には進展が見られにくい臨床現場において，変化可能性に賭けるアプローチは不可欠である。両親の夫婦関係など変化が容易でない事項は取り上げることなく，ノーマライズや新しい準拠枠を積極的に治療者から提示していくのである。この手技を第2期以降の治療経過のなかで詳述する。

A子は，友人の彼氏（B男・17歳）と付き合い始め，そのことに夢中なためか面接を欠席するようになった。治療者は，本人が訴える家庭不和に介入する好機と捉えて，両親面接の形でその関係調整を試みることにした。テーマは，あくまで本人の問題行動に対する親としての対処方法であり，夫婦関係の調整を前面に出さないことがポイントとなる。欧米のように夫婦療法になってしまうと，ドロップアウトするおそれが高まるからである。

父親は《A子は動物のようになってしまった》，母親は【妊娠したらど

うすればいいのか】と差し迫ったリスクが語られた。治療者は，Ｂ男が母子家庭であることから，母親同士という立場でＢ男の母親と話し合った方が良いというアドバイスをし，実現した。また，妊娠の心配については，男同士という立場でＢ男と話し合う"父親の出番"であることを強調した。話し合いという実質的な場面は設定されなかったが，父親も何かできるという役割の付与，肩入れにはなったと考えられる。

　さらに，子どもへの対処について，両親間で意見が一致しないのは当然であるとして，喫煙の問題を具体例として取り上げた。《一度注意したのだから，いちいち本人に言わずに見つけた煙草は捨ててよい》と言う父親に，【捨てる前にＡ子にきちんと言葉で説明してほしかった】と母親は反論した。さらに，【最近は本数が少なくなってきている。家を居心地の良い場所と思ってもらいたいから，何もかも規制したくない】との真意が語られた。治療者は，〈父親は鞭，母親は飴ではないが，役割が違って当然でバランスが大事〉と介入，母親が【Ａ子が家にいて良かったと思える時間を作ってあげたい。父親にはＡ子に思ったことを言ってほしい】と繰り返した。本人の居場所感を高めようと本人が面接に欠席でも来談を継続する両親に対して，特に父親が口うるさく言わなくなって，母親に協力しようとしていることを高く評価し，その労をねぎらった。子どもに対して"何もできない親"ではなく，母親同士・父親の出番という役割を与えて，さらに，父母のこれまでにない行動を取り上げて"不一致こそが大事"と新しい準拠枠を提示した。

第3期：親に連れて来られたのではない「Ａ子自身の面接」となる

　Ａ子が久々に来談し，母親との合同面接となった。Ｂ男の浮気が心配なこと，自分勝手であることなど不安・不満を自ら語った。年末の面接では，この１年間のＡ子について，母親，Ａ子にそれぞれ点数をつけてもらった。相互の感情ではなく，行動を点数化して関係性を測る質問は，「円環的質問法」の一つだが，言語化能力に乏しいクライエントが多い非行臨床では使い勝手が良い。母親は10点中２点とつけた。治療者の〈２点はどういうところ？〉との問いに，【１点は学校を辞めないところ，も

う1点はアルバイトをしようかという気持ちがあるところ】と肯定的な答えを引き出すことができた。A子は自分に10点中5点をつける。「5点は悪いことをしなくなったところ」と答えたので，本人なりの工夫の成果と治療者は高く評価した。

　年が明けて，B男の自宅への外泊は頻繁に続いていたが，家ではA子が仕事の手伝いをするようになったと母親は喜んでいた。しかし，2月の面接で，A子が性感染症にかかっていることが報告された。【B男は通院せず，A子を大事に思っていない】と母親は腹が立って仕方がないとA子の前で涙ながらに語った。「治すまでセックスはしないとB男に言った」と答えるA子に，治療者は〈譲れないことは譲れないと言うべきだ。B男の本当の気持ちを見極めないといけない〉とA子に強く言い聞かせ，〈あとは，あなたが決めなさい〉と迫った。その後，性感染症は治るが，A子のなかにB男への不信感が芽生えるものの，関係が切れてしまいそうで，言い出せないままでいた。治療者の〈何もかもうまくいかない？　でも自分にも原因があることは分かっている？　自分でやらなきゃならないよね〉の言葉にA子は頷いた。親や友人など"ひとのせい"と外在化しがちな非行臨床のクライエントには，"幾分かは自分のせい"という内在化のアプローチが必須であるが，ようやく「A子自身の面接」が設定できて可能となった。

第4期：母親の温かい見守りでA子の行状と家族関係が安定する

　高校は無事進級できたが，A子は中退を口にして"親子でもめた"という話が出る。家庭でも"きちんとガタガタできる"ようになったと治療者は評価した。「行く気がしない」というA子であるが，【こういいながら，家で教科書見ながら勉強している】と嬉しそうにする母親の姿があった。A子は，B男に料理を作ってあげたいと，母親に料理を教えてくれと頼むようになり，妹や弟にも優しくなってきたという。

　電車のキセルの話などを用意してきたように母親は始めたが，**母親は注意する役を治療者に任せ，A子をかばうような発言が目立った**。B男のところに行くのは週末だけになり，無断外泊がなくなり，行き先をきち

んと家族に知らせるようになった。この1年を振り返って，母親は【いろいろあったけど，A子が近くなったと感じる。前は生死も分からないような状態だった】と話した。治療者は，これまで両親が一生懸命支えてきたことを強調し，特に母親をねぎらった。A子の安定を母親にも確認し，面接のペースを月に1回とすることにした。その後の家族面接は，フォローアップの段階に移行することになる。

第5期：自己及び家族受容のための〈時間稼ぎ〉

　第4章第5節において，立ち直りに重要な保護要因（プロテクティブ・ファクター）としては，親以外に支援者がいること，専門機関への家族による自発的来談があることは，自立を含めた少年の社会適応向上との相関があることを述べた。さらに，「保護要因が累積」することを示唆したが，実際にはどのようなことを意味するのか，第5期の事例経過のなかでみてみよう。

　学校へ行きたがらない弟にA子がいろいろ世話を焼き，弟の話をきいてあげるようになったということが母親から報告された。また，料理に凝り，テレビやインターネットでレシピを調べて料理を作り，家族に作ってあげるようにもなったという。
　「幸せな結婚をしたい，子どもが欲しい」が話題となる。A子に，〈幸せな結婚生活ってどんな？〉と治療者が尋ねると，「子どもを殴らない，意味もなく」ときっぱりと答えた。〈あなたからするとそうでも，お父さんからすると意味はあったんだろうね……〉と他者の視点に拡大する介入を行うと，「分かんない，小さい頃からそうだった」とつぶやくA子に対して，【小さい頃は兄弟げんかしたときだよ。お父さんはそんなに殴ってないよ】と母親が反論した。〈だから将来自分はしないんだよね〉と確認する治療者に，「殴りたくないけど，自分も同じようにやってしまいそう」とA子は自己覚知を言語化することができた。A子の「小さいうちは絶対に叩かない。それなりに大きくなったらオッケー」という言葉に治療者は安堵した。

第5章 ❖ 事例研究：危機介入と子どもの発達を見守る家族支援に関する長期経過

　A子や弟の不登校への対処に苦労してきた母親についても，〈子どもが学校を休むって言っても何も言わないのか，朝も放っておいて〉との治療者に，「起きな〜とかは言うと思う」とA子，〈子どもが昼頃『あーかったるいなー，寝過ぎちゃったよー』って起きてきて，あなたはご飯を用意させられる。それでもあなたはむかつかなくて，『はい，どうぞ』ってご飯を出してあげるのか〉という治療者の突っ込みに，A子は苦笑して俯いた。母親としての立ち振る舞いに一定の理解ができるまでにA子の成長が確認できたやり取りであった。

　A子からの年賀状には，"自分を見つめ直して変わりたい"という言葉があった。陪席者の院生が，『13歳のハローワーク』（村上，2003）から，A子が興味ありそうなところを抜き出したものを手渡すと，「ありがとうございます，読んでみる」と言って受け取った。この頃には面接のなかで，母親がほとんど口を挟まなくなり，A子自身が自分の言葉で話すようになった。母親は，【前はしてもらって当たり前。でも最近は『ありがとう』って言えるようになったんです】とA子の変化について語り，地域雑誌にA子の『気持ちの変化』と題する作文が載ったことが報告された。

　今後の面接について，A子は「もう大丈夫という気持ちと，まだまだだなって気持ちが半々」，母親は【定期的にA子とじっくり話せる時間がとても貴重なものなので，継続してほしい】と希望した。治療者は，〈大丈夫って気持ちが7，8割になればいいかなと思う。半々だとまだ少し心配かな。4月から始めるにあたっては，この面接継続を皆が納得したものとして，『治療契約』をあらためてしたい〉と申し渡し，A子・母親ともにしっかり頷いた。契約内容は，A子の個人面接を基本とし，必要に応じて，適宜母親の来談を求めて生活状況を確認する，もちろん，保護者から要請があれば即応するというものである。

　家族との関わりにおいて，本人との治療関係を維持することを主眼とする「治療関係の支持」がベースとなった。そこで，「家族環境の調整」，あるいは，全体としての家族の観点で介入する「家族療法」的アプローチは，「治療関係の支持」を補完するものへ移行した。保護要因の蓄積と

いう観点からは，ある一つの大きな出来事が立ち直りの契機になったという事実は認められなかった。しかしながら，家族との日常生活での些細な出来事が積み重なり，家族との親和性の向上につながっていることが，本人と家族に体感されている事実を面接場面で聴き取るという作業により確認するセッションが継続された。

第6期～第7期　家族全体を視野に入れた個人面接へ移行する：発達を保障し，自立を促進するための〈時間稼ぎ〉

#40は，治療者の求めに応じて，半年ぶりに母親とともに来談。【A子が家にいる時は家事を手伝ってくれるので，そのお陰で仕事にも集中でき，家族団らんの時間も多く取れるので助かっています】と，母親は以前とは違うA子をアピールした。治療者の〈今振り返ってみて，一番とんがっていた時期はどうだった？〉との問いに，「懐かしい，楽しかった。貴重な大事な15歳」とA子が答えたのに対し，母親は【眠れない夜がどれだけあって，何回泣いたことか。でも，こうして笑える日が来るなんて思わなかった】と笑顔で話した。

高校を卒業した後，アルバイトの求人を探すが，B男との交際が優先して仕事が見つからない。「このままじゃ時間が無駄に過ぎていく」とイライラすることが増え，家族に当たることも報告されるが，唇につけたピアスが外されるなど外見の変化が見られる。

卒業後1年余りを経て，雑貨店にアルバイトが決まったとの報告があった。同僚店員との関わりでストレスが溜まり，「自分に点数をつけると？」との問いかけに，「40点」と厳しい点数をつけたが，治療者は内省力が高まったものと評価した。給料は，親に食費という形で渡し始めており，面接料金もバイト代で自ら支払って帰るなど治療的動機付けが高まっている事実が認められる。この時期は，面接間隔が半年も開いており，介入というよりは見守りの機能が優先されている。家族臨床は，小学校高学年から問題行動が生じ，高校入学直後にそのピークを迎え，危機介入として開始されている。ハイリスクな思春期を乗り越え，アルバイトによる自立の準備段階に至るまでの間，発達保障の環境的基盤と

なる親子関係が崩壊しないように，家族へのシステムズ・アプローチがまさに〈時間稼ぎ〉の効用を果たしたものと理解できるであろう。

第4節 考　察

　本章は，継続的な治療的関わりが困難な非行事例において，単独の治療者による長期経過を報告する希有なものとなっている。また，発達課題の達成を目的とする思春期臨床とが錯綜・競合，あるいは，その一部である非行臨床における具体的な介入方法，筆者のいう手技が詳述されている。

　本章の主題である家族支援の観点から，その導入段階では，急速に非行性が深まり，頻発する問題行動に対する家族の危機感と家族の崩壊に即応する強力な支援が，まず求められる。本人のために親が専門機関に来所すること自体が，「親は子どもを見捨てていない」ことを本人に体感させるものとなる。合同家族面接を設定して，「本人からすれば……」「親からすれば……」と立場が異なると考えも感じ方もこんなに違うという葛藤体験を重視し，それを回避するのではなく，直面化させることを旨とする家族へのアプローチが繰り返されている。

　第4章で詳述したシステムズ・アプローチによる家族臨床の論点を具象化するために，治療者としてどのようなところに目配りし，意図をもって介入をしているのか，面接経過を振り返りたい。

　第1期は，家族構造に特異な「もつれ」や「隠蔽」は認められず，本人を連れて家族で来談する課題解決能力はあるものの，「遊離する」リスクは常に抱えているとアセスメントした。そこで，「親子が互いに見限る」リスクを回避する危機介入を第一の目的と設定した。初回面接では，ともかく次の面接を確保すること，継続的な関わりをもてること，これが最大の課題であり，困難性である。家では，まったく会話が成立しない状況で，子どもが何を考えているのか，親は何を心配しているのか，治療者が仲介・通訳者となり，安心して「きちんとガタガタする」場が設定されるよう，「ここに来れば，どうにかなるかもしれない」と親子双

方が得心し，その治療的動機付けを高める介入に腐心している。非行の専門機関であれば，家族との関わりは限定され，本人との面接には強制力はあるが家族とのそれにはない。大学の相談室での面接を継続する際に，本人・家族双方に対して強制力はなく，次回の面接約束を取り付けるのに，薄氷を踏む思いであったことは事実である。

　第2回以降，治療者は，両親とA子との合同家族面接をベースとして，母子並行面接，母子それぞれとの個別面接という治療構造を柔軟かつ適宜に持つなど工夫を凝らしながら，A子と両親の両方にジョイニング（joining：波長合わせ）することに成功した。治療の動機付けを自らは持たず，1回は親に連れて来られたとしても，面接室に通い続けることが困難なことの多い非行などの思春期事例において，家族療法において重視される家族システムへの治療者の参入を意味するジョイニングは，さらに大きな意味を持つ。治療者は，激しい行動化に専門家としての権威を示す心理教育的助言に努めながら，A子の不安や空虚感をうまく言語化し，確認していく作業に多くの時間を費やすことにより，親子の世代間境界，階層性の確立を図る「親への肩入れ（エンパワーメント）」を行っていった。

　家族事象を媒介とした非行が続発する要因の円環的理解は十分ではないが，問題行動の原因探しは一切行っていない。社会からの要請として，非行の責任追及を行うことが求められている公的機関でないことが幸いして，親の不適切な対応を指摘することもしていない。「子どもからすれば……」「親からすれば……」と家族それぞれの事情を聴き取り，自他の境界，家族内の世代間境界の明確化を図ることを旨とした，第4章で詳述した筆者の家族支援の根幹が具体化されている。

　さらにA子の行動化と攻撃に激しく動揺・混乱している両親には，今後の見通しと打っておくべき手立てを伝え励まし続けた。治療者との信頼関係ができて，面接の場が安定・安心したものになったところで，家族合同面接が，各自の思いをぶつけ合える「きちんとガタガタする」場になることが分かる。それまでは破綻していたであろう親子対立の場に，適宜にシートチェンジ，母子並行面接，母子単独面接というクールダウ

ン（差し水）と個別サポートを組み入れている。面接場面では，世代間境界を強化するため「親を立て」，同時に中立性にも配意する。そして，治療者が"仲介・通訳者"となる役割が肝要である。「家族を支援する」とは，お互いの気持ちを汲み取り（察する），言語化し（添える），両親・A子双方が攻撃的な言葉の裏にあるアンビバレントな心情に気がつく（案ずる）というプロセスにほかならない。

　なお，公的な非行臨床機関，具体的には家庭裁判所の試験観察，あるいは，保護観察であれ，その処遇期間は法的に限定されることから，この第1期のような危機介入が中心となるであろう。

　第2期，A子がB男との不安定な恋愛にのめりこみ，面接室にほとんど姿を現わさなくなると，治療者は両親連合を強めることに傾注した。家族内のサブシステムである両親システムに焦点を当て，A子がそれ以上の非行に走らないよう，枠組みとして父母のパワーアップに努めたのである。例えば，両親の意見の食い違いを非難することなく，子どもに関する情報や立場が異なることから当然であると強調した。心理教育的助言のポイントは，「両親が一致する必要がない」というメッセージである。社会的立場，これまでの人生経験，何より子どもに関する情報量の違いに由縁する父親・母親の相違・対立は当然，ただし，「一方の親を価値下げしてはいけない」という鉄則の堅持である。これらの手技により，両親の子どもへのマネジメント力が減退することなく，A子の問題に立ち向かっていけるよう治療者はサポートした。子どもの問題に対処するため，連合を強化する対象は〈夫婦〉ではなく，あくまで〈両親〉関係の調整を行う形式が，面接からの離脱を防ぎ，わが国の家族の実相から有用と体感できた事例である。

　なお，両親関係への介入は，非行臨床ではメインとなることはなく，重要なオプションということになろう。逆説的な物言いとなるが，非行臨床に家族支援は不可欠であるが，非行臨床の対象は法的には少年に限定され，支援ニーズのある家族ではないところに処遇システムの構造的矛盾を抱えている。筆者のような非行問題に関する家族臨床を専門とする大学の相談室では治療抵抗はないが，公的な非行臨床機関では話が違

う。しかし，家事相談も担う家庭裁判所調査官や人生経験の豊富な保護司が，"小さな親切大きなお世話"との謙抑的な姿勢のもとに行う家族支援は，非行臨床のクライエントである少年や家族にも受け入れやすいものであろう。

　第3期，Ａ子は再び面接室に戻ってきた。しかし，自分のしていることを振り返る"直面化"を回避し，Ｂ男との関係についても客観的にみることができなかった。Ａ子は，Ｂ男とのことを繰り返し語るなかで，少し距離を置けるようになったが，何よりも性感染症にかかったことが大きな転機となった。泣いてＡ子のことをひたすら心配する母親と，男性としてＢ男の在り方を強い口調で非難して言い聞かせた治療者の態度が，Ｂ男との関係を見直すきっかけになった。そこから，Ａ子が女性としての自分を大切にする気持ちも芽生えてきたと理解している。

　第4期，母親はＡ子への心配を言葉で伝え，その言動にいたずらに動揺することもなくなっていた。Ａ子も母親のことを信頼し，家族に高校中退といった不都合なことも話すようになり，家庭でも"きちんとガタガタする"ことが報告されてきた。面接のなかで，母親はＡ子の味方になり，サポートしようとする様子が繰り返され，以前とは比べものにならないほどＡ子の様子は落ち着いてきた。治療者は，1週間から10日間隔であった面接を月に1回に変えたが，面接室のムードは穏やかなものとなった。

　第5期，「自分を見つめ直して変わりたい」との年賀状の添え書きのとおり，Ａ子は自分の言葉で面接でも語ることができるようになった。「幸せな結婚がしたい」，「子どもを殴らない親になりたい」という両親への非難について，治療者は，〈あなたからすれば……〉，〈お母（父）さんからすれば……〉，〈それを聞いている私からすると……〉と自他の境界を知って，他者の視点に立つという介入を行っている。個人面接となっても家族全体を視野に入れた面接が重要であり，少なくとも親への憎悪感が高まる，あるいは，親との関係性に固執してしまうことがないよう，十分な配慮が不可欠である。また，Ａ子や弟の不登校に対処してきた母親の苦労について，〈子どもが昼頃起きてきても，母親としてご飯をむ

かつかなくて出せるのか〉という治療者の言葉に，A子が苦笑する場面がある。説教ではなく，A子自身が気づくような形にして，するりと面接のなかに取り入れた話題だが，ただ跳ね返っていくだけの注意とは違い，それは自らの経験の苦々しさとともにA子のなかに染み入ったように筆者には感じられた。

　第6期以降はA子との個人面接となったが，B男との関係もすっかり安定し，自分自身で変わりたいという気持ちを持ち始めた。「このままじゃ時間が無駄に過ぎていく」とイライラしながらも意欲を示すA子は，ずいぶん大人になったように年齢も近い女性院生の陪席者にも映っている。今までは見えなかった立ち位置，現状を直視することで，A子の自己評価は以前よりも厳しく評点も下がったが，それだけ周囲のことが見えるようにもなった。A子自身の変わりたいという気持ちの反映であろう。面接の目的は，「問題行動をなくすこと」から「A子自身がなりたい自分を明確化し，それに近づくこと」に変わっていく。新たなスタート地点に立ったA子が，今度は自分の力で歩き出していけるよう，発達過程を見守るサポートが継続した。家族に連れて来られたA子が，自ら治療的動機付けを持つクライエントになり，「自分たちでやっていけます」と述べたことから終結とした。治療の終結も含めた展開に際しては，家族臨床として，援助対象である保護者の同意を得るプロセスは不可欠である。

　思春期・青年期が20歳代後半まで延伸した現代において，子どもの問題行動である非行に関わる家族臨床の成果についての検証も，長期間にわたる経過を見守る必要があると考え，その予後を含め報告した。筆者は，非行に至る原因と立ち直りの道筋が異なることを強調し，家族へ介入するのも，家族機能に要因があると認めるのではなく，立ち直りのきっかけとなる「出会い」，発達過程を保障する「時間稼ぎ」のために「親子双方が見限る・見捨てる」ことのない支援が目的であると主張した。本来，長期研究は，多数の調査対象者に数年間のインタビューを続けるものであるが，非行臨床では法的制約から特に20歳以降の予後の追跡が困難である。本事例研究は，個別事例であっても，個人の要因の

変化が非行に与える影響と家族が立ち直りに資する要因の双方を検証するものとして貴重である。

おわりに

　本章のまとめとして，相談終結後A子が送ってきた手紙を紹介したい。治療効果を検証するには，「治療者が何をしたか」ではなく，「クライエントが何を受け取ったか」というユーザーに基準を置くユーザー・フレンドリーな方法が適切と考えるからである（藤田，2010）。
　「気持ちを吐き出す場を与えてもらって感謝しています。最初の頃は，家族が一番の敵で誰からも愛されていない，誰も愛してくれない，分かってくれないと思っていました。誰からも必要とされないから生きている意味がない，早く死にたいなんて思っていたけど，気持ちがほぐれるとともに素直に甘えられるようになったり，親の気持ちが分かってきたり，変わることができました」
　家族臨床の有用性は，第一に，「気持ちを吐き出す場」の設定である。これは，両親にも当然適用されるもので，家族それぞれが「気持ちを吐き出す＝きちんとガタガタする」場の設定こそが家族臨床の眼目となるのである。第二に，「家族が一番の敵，誰も愛してくれない」との訴えは，「家族が本人のために日程調整してわざわざ参集する」という家族合同面接の意義を明示している。第三に，「生きている意味がない，早く死にたい」という自傷行為としての非行という理解に至る。しかしながら，個人療法だけで対応することは，治療的動機付けの乏しい非行事例では難しく，精神力動的アプローチにより内的な家族を扱うにとどまらず，システム論に基づく家族臨床により具体的な家族関係への直接的な危機介入が不可欠であることを示している。本事例でも，家族面接と個別面接を連携させた「統合的アプローチ」（中釜，2010）が適用されており，ユーザーからのエビデンスが表明されている。第四に，「気持ちがほぐれるとともに素直に甘え，親の気持ちも分かり，変わることができました」という時間経過の必要性である。思春青年期症例であるか

ら，発達過程の尊重は当然であり，第2章で取り上げた不適応行動の出現から予後までのプロセスを把握する発達精神病理学の知見，そして，Prochaska の「変化のステージ・モデル：螺旋パターン」の理解が有用と分かる。

　筆者は，「非行臨床は〈時間稼ぎ〉である。加齢に伴う成長，いわゆる〈最近落ち着いてきたね〉という状態に持ち込むこと，それがすべてである」(生島, 1993) と言明してきた。「愛してくれない，分かってくれない」親に目立った変化を望むことは現実的でない。ならば，自分が容易に変わるかいうと，人との出会い，そして，発達を保障する長い時間が必要である。〈仕方ない〉という諦めや無力感とは異なる，〈致し方ない〉と自己及び家族受容，すなわち，家族を含めた生育環境，育った社会・時代までも「受け入れること＝耐容」しかないと考えている。そのための必要条件となる〈時間稼ぎ〉には，サッカーの試合で1点差を守るアディショナル・タイムではないが相応の技術がいる。家族関係が煮詰まらないように水を差し，息切れしないように騙し騙し，持ちこたえてもらうこと，その技術の集積が家族臨床である。

　家庭裁判所をはじめとする公的な非行臨床機関は，再非行による「失敗事例」を扱うことはあっても，多様，かつ，長期に及ぶ家族支援による「成功事例」に触れることは法的な制約もあって構造的に難しい。非行事例の長期経過により，危機介入段階の短期集中的介入，そして，本人の発達過程と立ち直りの契機となる〈人との出会い〉を保障する継続的な治療的関与の意義を，第4章までの非行臨床及び家族療法の理論を基にした事例研究により明示した。

第6章

事例研究（2）：システミックなケース・マネジメントによる家族支援

はじめに

　本事例も，前章と同様に大学附属の相談室において，法定期間の制約を受けずに実施されたものである。少年自身の加齢に伴って，中学校から高校へと所属機関はもとより，非行臨床機関，さらに連携機関が変化してくる現実がある。このように，いくつもの機関が，それぞれの手法で独自に少年とその家族に関わっていくことから，支援に携わる者の力が効果的に働くよう，ケースを俯瞰的に捉えマネジメントしていく存在が必要になる。このようなシステムズ・アプローチの観点から，ケース・マネジメントの手法を活用して，非行問題に対して統合的に家族支援を実施した事例に考察を加えたい。

　なお，第3章で取り上げた欧米のシステムズ・アプローチと対照するならば，取り扱う少年の非行性や多機関連携の手法などマルチシステミックセラピー（MST）が該当するであろう。本事例は，少年院仮退院者で非行性も深まり，保護観察所との機能連携によるアプローチが実施されている。また，少年本人の面接同席を必ずしも求めておらず，アウトリーチ（家庭訪問）形式による大学院生のメンタルフレンドという地域社会の学習支援プログラムもリソース（社会資源）として活用しながら，家族支援自体も大学の相談室，保護観察所の「家族教室」といった多様な支援プログラムがシステミックに組み合わされて実施しているところ

第6章 ❖ 事例研究（2）：システミックなケース・マネジメントによる家族支援

に特徴がある。このようなシステムズ・アプローチは，筆者がケースマネージャー，スーパーバイザーとなった日本版MSTといってよいものである（北部・生島，2011）。

第1節　母親面接を中心とする家族臨床

1．事例の概要
本人：A，14歳，男子（中学3年生）
（1）家族状況（X年時）
大学附属臨床心理・教育相談室での関わり時をX年として示す。なお，プライバシー保護のため，事例の本質を損なわない程度に改変を加え，公表については本人及び保護者の了承を得ている。

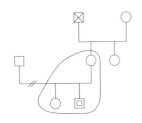

母方祖父：病死
母方祖母：同市内に在住
叔母：同市内に在住
父親：本人が3歳時に離婚
母親（40歳代）：無職
姉（大学生）　本人（中3）

（2）家族支援の経緯
Aが通っていた中学校のスクールカウンセラーであった大学院修了生が，筆者にまずはスーパービジョンを依頼してきた。そこで，非行問題に対する継続的な家族支援の必要性を認めたことが関わりのきっかけである。X年10月より大学附属の臨床心理・教育相談室において，筆者に正式なケース紹介がなされて面接が開始され，後に家庭訪問による学習支援（メンタルフレンド）を担当する院生が陪席した。
当時中学3年のAは，友人らとともに他校生に対して集団で暴行を加えるという傷害事件を起こした。筆者は，付添人となって，「保護観察処分にしていただき，本人及び保護者へのカウンセリングを継続したい」

と意見を審判で述べたが認められず，X年12月に少年院送致となった。Aは少年院内でクリスマス，年末年始，中学卒業などを経験し，このようなことは二度と経験したくないと，事件について深く後悔した様子であった。X＋1年5月に仮退院となり，保護観察を受けることになった。少年院に入っている間も，大学附属相談室における母への面接は続けられ，本人の仮退院後も続けられた。

　少年院仮退院時の遵守事項に「カウンセリングを受けること」という文言は付けられなかったが，筆者の支援は再開され，Aは，アルバイトが早々に決まり，少年院で身についたリズムを崩すことなく生活が始まった。また高校進学の意欲があり，院生が訪問相談員（メンタルフレンド，以下：MF）として，毎週自宅を訪問して学習支援を行った。さらに，保護観察における家族支援の一環として，筆者がファシリテーターを務めている「家族教室」への参加が保護観察所からも勧められ，任意に母親が参加した。

　立ち直りは順調に思われたAであるが，X＋1年9月に友人らとともに原動機付自転車の二人乗り及び無免許運転という再非行が発覚した。さらにX＋1年11月には，アルバイトを辞めてしまい，そこから生活リズムの乱れが顕著となった。X＋2年になり志望していた私立高校の受験に失敗して意気消沈し，高校進学への意欲も低くなりかけたものの，最終的に公立高校の定時制に合格した。高校生の身分もでき，少年院を仮退院して約1年を経て再犯リスクも低減したことが認められ，これを契機に筆者により構築されたシステムズ・アプローチとしての家族臨床は終結した。しかしながら，保護観察によるA本人に対する指導・監督は継続されている。

　その後，高校は中退したものの，建築業に従事して生活は安定し，再犯のおそれもないと保護観察所も認めたことから，20歳までの保護観察が付く仮退院期間を2年余り短縮する本退院の良好措置となり保護観察も終了した。

　表1に，筆者がコーディネートした家族支援を構成する「家族合同面接」，「メンタルフレンド（MF）」，「家族教室」の経過をまとめた。

第6章 ❖ 事例研究（2）：システミックなケース・マネジメントによる家族支援

表 6-1　事例の経過

	年齢	非行からの立ち直りの経過	面接	MF	家族教室
～X年9月		スクールカウンセラー（SC）による支援			
X年10月	14歳	大学附属の相談室にて筆者の関わり開始			
X年11月		傷害事件等により逮捕，少年鑑別所送致			
		筆者が付添人となり審判にも立会			
X年12月		家庭裁判所で少年院送致	#1～#2		
X+1年1月		引受人となる母親の面接は継続される	#3		
X+1年2月	15歳	保護観察所の生活環境の調整を補完するものとして本人収容中も母親面接実施	#4		
X+1年3月		少年院内で中学校を卒業			母参加（1回目）
X+1年4月		少年院からの仮退院に向けての環境調整	#5		
X+1年5月		少年院仮退院後，保護観察に付される　本人も加わっての家族合同面接　母親は再非行が不安で家族教室にも参加	#6		母参加（2回目）
X+1年7月		本人は合同家族面接に拒絶感，MF 導入	#7	#1～#2	母参加（3回目）
X+1年8月		生活に乱れが出始める		#3～#4	
X+1年9月		再非行（無免許運転）の報告	#8	#5～#9	
X+1年10月		再収容とならぬよう生活立て直しへの指導	#9	#10～#13	
X+1年11月		アルバイトを辞めて，高校受験を口にする	#10	#14～#17	
X+1年12月		本人の反発心を使って逆説的アプローチ	#11	#18～#23	
X+2年1月		私立高校受験　本人は面接を拒絶	#12	#24～#26	
X+2年2月	16歳	不安定になる母親の支援が続く		#27～#29	
X+2年3月		公立高校受験・合格		#30	
X+2年4月		保護観察による指導に委ねて面接終結	#13		

（3）アセスメントと治療方針

　中学生のAの非行化は，先輩との不良交友の影響が強いものであったが，これに直接に働きかける術はなく，共犯者の処分の関係もあって少年院送致となってしまった。少年院在院中の環境調整の一環として，家族支援は実施されたが，仮退院時の遵守事項に本人及び家族カウンセリングの項目を入れることはかなわず，本人・家族の治療的動機付けを維持する「制度的裏付け」を設定することはできなかった。
　第4章で述べた「治療システム自体も働きかけの対象とする」ことは，システムズ・アプローチによる家族支援の基本的原理である。この点について，大学附属相談室のプログラムであるアウトリーチ（家庭訪問）による院生のメンタル・フレンド活動で補完し，保護観察所の家族支援である「家族教室」を活用することとした。筆者は，家庭裁判所の付添人活動も含めてケース・マネジメント，そして，院生のスーパービジョンの役割を担い，システムズ・アプローチの観点から地域社会のリソースを活用した多機関による多元的な立ち直り支援を展開する方針を立てた。叔母が母親に同道してきたことはあったが，祖母を加えて合同家族面接をあえて設定しなかったのは，母親自身が過度に依存的にならず，その親機能を高める必要が第一と判断したからである。

2．大学附属臨床心理・教育相談室における面接経過

　保護観察の一環である「生活環境の調整」として，少年院在院中から仮退院後に到るまで保護観察官・保護司の協働により家族への関わりは制度的に行われている。筆者のシステムズ・アプローチによる家族支援が，保護観察所の了解のもと，立ち直り支援を補強するために，地元大学に所属する臨床の専門家として，多機関連携の形で実現したものである。

第1期　少年院在院中の母親に対する心理教育的助言
（#1：X年12月〜#5：X＋1年4月）
以下：Aの発言「　」，母の発言【　】，治療者（筆者）の発言〈　〉，

太字は，第4章第1節で述べた常識的非行臨床の一端を示すが，その実際を記したものである。

#1～#5の面接では，面会時に母が見聞した警察での勾留や少年鑑別所，少年院でのAの様子を尋ねるとともに，被害賠償や退院後の生活や進路についての助言が主であった。

治療者は〈少年院から出てきた時に，**生活にスキマを開けないことが大事で**，もし昔の仲間に誘われてもバイトがあるという口実ができ，何度も誘いを断れば向こうから離れていく。**仕事があることは，不良交友を絶つ最強の手立てとなる**。無理強いはいけないが，少し無理をしても仕事を1週間，1カ月と続けさせ，いくらかでもお金がもらえると，稼ぐことの大変さも分かるし，財布の口もかたくなるはず〉と話し，生活のリズムを崩さないことに出院後は重点を置くようアドバイスした。

第2期　仮退院から再非行までの母子合同面接による指導
（#6：X＋1年5月～#11：X＋1年12月）

#8のAは入室時から落ち着かない様子で，その点を指摘すると，再非行を起こしてしまったことを報告し，その詳細を聴取した。9月初旬，夕方に友人と2人で遊びに出かけ，別の友人ら6人と合流した。そのなかにはX年に起こした事件の共犯少年や初対面の少年もいた。翌日未明に，合流した友人らが盗んできたスクーターを無免許のまま運転し，集団で走行した。途中，パトカーに気づき住宅地へ逃走するも，一緒に走っていた1台がトラックと衝突し，乗っていた2名が負傷する。その後，事件が発覚し，警察で事情聴取を受けた。

Aは，仮退院中の身であることを自覚しながら，その場の楽しい雰囲気が勝ってしまい"見つからなきゃ大丈夫"という思いで，盗難車のバイクを無免許で運転してしまったという。"ヤバイ"という感覚が多少はあったが，それでもやはり，見つからなければ大丈夫と考えたと言い訳した。治療者は〈少年院に入院してから今までの9カ月が泡と消えること。自分で「俺はヤバいから」といって断れなかったことが，最も残念だ〉と強調した。本人はかなり後悔している様子であったが，治療者

は〈後悔ができても，これをしたらどうなるか，と先を見通す力がないと役に立たない〉と直面化を図った。

処分が決まるまで時間があるということは，言い換えれば一生懸命にやっていることを証明する機会があると捉えることができる。今回のことは〈不幸中の幸いで，取り返しのつかないことではなく，やり直しのきくこと〉であるので，〈しっかりやることが大事〉であると治療者は強調した。また，治療者は，指導への拒絶感を少しでも減じるように〈仕事を辞めることのプラス，マイナス〉を尋ねると「プラスは勉強の時間が取れること，マイナスは収入がなくなること」と答えるが，アルバイトを辞めたからといって，仕事の時間を勉強に充てている訳ではなかった。

ここで治療者は〈仕事に行かないということは，朝起きる時間が決まらないということで，勉強だってやる気がなければやらないまま過ぎていく。これでは生活のリズムが成り立たない。少年院で，朝は決められた時間に起きて日課をするという生活を身につけたはずなのに，アルバイトを辞めてしまったということは，それがなくなってしまったということだ。普通ならば朝起きて学校に行くという生活をするところを，学校を怠けたことで，昼夜逆転の生活になっていたのが，少年院に入る前だろう。少年院入院前の生活になることがないようにアルバイトをしていたのに，辞めてしまったのでは元の木阿弥ではないか〉と，繰り返し嚙んで含むように教え諭した。

Aは「そんなことを言われたくない」と腹を立て黙り込んだ。このやり取りを聞いていた母は【どうしてそういう態度をするの？】とAを叱ったが，Aは「別に思ったことを言っているだけ。この人（治療者）にこんなこと言われる筋合いない」と一蹴した。治療者は母に対して〈アルバイトを辞めて生活の核がなくなってしまったことが困りものだ。次のこと（後先）を考えず「俺のことだから関係ない」という態度では以前に戻ってしまう。「家族教室」でも話したと思うが，少年院の効果というのは，入っていたのと同じ期間しか続かず，再非行のリスクが高まる状態に陥ることが多い。ここで自分から"ヤバイ"とか"まずい"という

第6章 ❖ 事例研究（2）：システミックなケース・マネジメントによる家族支援

感覚をもって方向転換していくのが，本当の立ち直りだ〉と話した。

最後に，Aに対して〈残念だがゼロに戻った。イチからやり直しだ。高校に合格して，朝の登校時間に合わせて起きるという生活リズムができるか，ここが正念場だ〉と話すが，Aは「あんたに言われる筋合いはない」の一点張りである。治療者は〈そう言うなら，私にそれを示して見せろ。私に"ほら見ろ"と言われないように，胸を張って自分がちゃんとできたことを示して見せろ〉とAの反発心を活用する逆説的なアプローチを試みた。

第3期　高校受験までの母親を中心とした面接
（#12：X＋2年01月〜#13：X＋1年4月）

#11で不機嫌さを露わにしたまま面接終了となったが，その後は【ケロッとしていた】という。母は【前よりは大人になったのだと思う。前は本当に短気で，イライラが始まると収まらなかった】と語った。Aは#12には来談せず，「行くのは良いけど，面接は意味がない。目的が分からない」と話していたとのこと。治療者は〈A君のためにやっていることだから，来たくない気持ちがあっても，来てほしかった〉とコメントし，母からその旨をAに伝えるよう申し渡した。

その後，3月にも面接を設定したが東日本大震災のため4月まで延期となった。震災後，公立高校入試を挟んでの#13では，A本人が来談し，Ⅲ期選抜では定時制のC高校に合格したこと，入学式やそれ以後の生活について報告した。治療者は，せっかく高校進学が果たせたのに，生活の乱れが進み，再非行事件の審判で再度少年院送致という最悪の結果を回避したいと必死にAと向かい合った。そこで，Ⅱ期選抜の2日目（面接試験）を前日から友人宅で遊んでいたために受験しなかったことや，今日の奇抜な髪型と染髪のことを取り上げた。Aによれば，特に理由のない「気分」での行動であり，反省を迫られる事柄でもないと強く反発した。再非行の家庭裁判所での調査や審判をおもんばかり，治療者が〈なんでも気分で決めてしまう，そういう後先を考えない行動がいけない〉と指摘すると，「うるせぇ！ケンカ売ってんのか？何様だてめぇ！」と

非行臨床における家族支援

暴言を吐き，仕舞いには「死ね」と捨て台詞を残し退室していった。がっかりする母親に対し，治療者は〈高校生活で楽しいことを見つけ，失いたくないものができれば徐々に行動も収まって穏やかになってくるから〉と今後の道筋を教唆した。保護観察による本人への指導は継続されること，また，母親が【自分たちで保護司さんのアドバイスももらいながらやっていきます】と述べたことから，筆者による面接は終結とした。

〈面接経過について：小考察〉

　第Ⅰ期は，少年院収容という厳しい処分を母子ともに受け入れ，本人の立ち直りへの期待と出院後の不安に対して，非行臨床家としての経験から心理教育的助言に努めた時期である。ポイントは，無為徒食という生活の隙間が，心の隙につながり，不良交友に浸食されるリスクを未然に防ぐ手立ての教示にある。第Ⅱ期は，再非行という現実的危機に直面して，これ以上，少年院で立て直した生活が崩れていかないように"土嚢"を積むべく，本人と厳しく対立した時期である。父親の補完的機能を果たそうとする治療者に反応したのか，「あんたに言われる筋合いはない」と強く拒絶する本人であった。だが，少年院での成長か，さらなる行動化に走ることはなかった。第Ⅲ期は，面接から一時はドロップした本人へのアプローチは継続されたが，母親へのサポートが中心となった。高校進学を最後の盾として，生活の"リカバリー"を図ろうとしたが，なかなか本人の自覚的行動は出現しなかった。パワーレスに陥っている母親の補完的機能に努め，「危機回復からの道筋」を明示できるよう働きかけを強化した時期である。全体として，常識的な内容を心理教育的に伝達する手法が中心となっている。問題行動へのマイナス評価で本人からの拒絶感を強めることのないように，プラス・マイナス両面に思いが至るよう考えを拡げる，あるいは，噛んで含めるような物言いに努めるといった手法が多用されているが，治療的動機付けを維持することは困難であった。

　なお，筆者らによる治療的関与は，少年院仮退院時に遵守事項に含まれれば別だが，そのような「カウンセリング受講命令」が非行臨床機関

から発せられるシステムのないわが国では，任意的なものにならざるを得ない。終結の判断については，非行臨床における家族支援に限れば，「必要があれば専門機関や親族に頼ることもできて，どうにか保護者でやっていけるとの思いが語られる段階」の見極めが現実的であろう。

第2節　保護観察所における「家族教室」
：家族支援プログラムの実際

1．家族教室の概要

「家族教室」については，第4章でプログラム内容を詳述したが，保護観察所において，2カ月に1回程度，平日の午後の2時間を使って行うものである。元保護観察官の筆者が，外部協力者としてファシリテーターとなり，院生は助手として参加した。参加者は，少年保護観察対象者及び子どもが少年院在院中の保護者である。参加は任意であり，その回数も自由である。なお開催に際しては，保護観察官1名も同席している。

Aの母は，少年院出院後の再非行を防ぐために親としてどうすれば良いのか分からない，という悩みを解消することを目的として，「家族教室」の参加につながった。参加回数は3回（X＋1年3月，5月，7月）であった。各回とも数名の参加者があったが，その概況について，Aの母に焦点を当ててまとめた。

〈X＋1年3月〉

自己紹介時に，「中2の頃から問題行動が見え始め，中3秋に集団で暴力事件を起こしたり，学校内のガラスを割るなどの事件を起こしたりした。心配なことは，友だちとの関係である。息子本人は付き合わないというが，親としてはいつまた同じようなことが起こるか心配。今は少年院に入っていて，出てきてすぐには大丈夫かもしれないが，時間が経てば"悪いことしなければ大丈夫"という考えが出て付き合いが再開するのではないかと思う」と不安を話した。友人関係への対応の難しさについて，「友だちの友だちの，そのまた友だちという具合で，全然知らない

ような子も遊びに来ていたこともあった。ただ，友人関係のことに口を出されると本人は嫌がり，遊びに来ていた友だちも"友だちのことを悪く言われるのが一番嫌だ"と本人が言っているのを教えてくれた」と困惑ぶりを表明した。Aは，この時点では少年院におり，具体的な家庭内でのやりとりは警察に補導検挙される前のことであったものの，参加者間で共通点があることに驚きを感じている様子であった。

〈X＋1年5月〉

冒頭の振り返りでは，「前回は施設に入っており，今はもう家にいる。前回は何をやるか分からないで来たが，ほかの家族のさまざまな状況を知った。17，8歳という，自分の息子よりも年上の子を持つ親が多かったので，自分の息子も，今は落ち着いてきてはいるが，その年齢になった時にまた何かあるかもしれないという心配がある。正直もっとほかの人の話を聞きたかったし，もっと話したかった」と語った。同胞のことが話題になると，「姉は中学校で生徒会や部長を任される，しっかりしたタイプである。本人（A）が入学したときに，先生や先輩に，その姉の弟という目で見られ，1年生の1学期には学級委員を任されたが本人は嫌がっていた。姉と比べられ，余計口うるさく言われるようになった。それまでは心配することは特になかったのだが，2学期頃から変わっていった」と語った。最近の様子については，「一緒に遊んでいた友だちが今高校へ通っているので，"周りが高校に行っているからうらやましい，中学からやりなおしたい"と言うようになった」と報告した。少年院から仮退院してきた息子（A）が順調に生活しているものの，再犯に至ってしまうのではないかという不安が強い様子であった。

〈X＋1年7月〉

息子（A）とのやりとりについて，「何を言っても反発でしか返ってこない。私もどういう言葉で伝えれば分かってもらえるのか。イライラした時には，先生や私に当たったりすることがあったが，今はそれが抜けた」と出院後の変化を語った。また「スクールカウンセラーに"親が変わりなさい"と言われた。"〜しなさい"と指示されないと動かない子になってしまうので，子どもに考えさせることをしなさいと言われた。自

分の言いたいことを3分の1も言わないで,子どもに任せると,少し穏やかになった気がする。今は今で心配は尽きないが」とも語った。前回に引き続き再犯の不安を拭えない様子であるが,親としての対応を変えてみたことでAの様子が変わった点を語るなど,Aへの接し方に余裕を持てるようになった様子がうかがわれた。

2.「家族教室」参加に関する質的分析

3回の参加のあと,Aの母に対して「家族教室」の効果と課題に関するインタビューを院生助手が筆者とは別個に行った。効果検証には,質的分析の手法である修正版グラウンデッド・セオリー・アプローチを援用し,分析により得られた【概念】間の関連をまとめたのが図6-1である(木下,2007)。

Aの母は【変化要因としての少年院,中学卒業】を挙げ,アルバイトに行っていることやその給料から支払いをしていることなどの【息子のポジティブな変化】が少年院での教育と中学卒業によるものであると考えている。そのように自立していくAの姿を喜ばしく思う半面で,帰宅時間や粗暴になりがちな言動などについて【自分でコントロールしてほしい】と感じており,思春期という発達段階にあるがゆえの親としての葛藤を抱えている。

また,【変化要因としての少年院,中学卒業】として,少年院を仮退院してきた後は【互いに抑制することができるようになった】という。以前は母から一方的に捲し立てるようなコミュニケーションであったが,現在はAがそれを制止するような発言が出るようになり,母自身もAが反発してしまうほどに,感情のまま話すことは少なくなった。しかし,母からすると,それは【息子に気をつかって話す】感覚であり,いいたいことがあったときに配意して話さなければならなくなっていると感じ,Aへの対応に混乱,葛藤が生じている。しかし,この親子間の葛藤は,それまでの家族(母子)合同面接によって「きちんとガタガタする」場が設定されたことの治療効果であることに留意すべきである。

これらは,【ほかと比べても息子を理解できない】ことに集約され,母

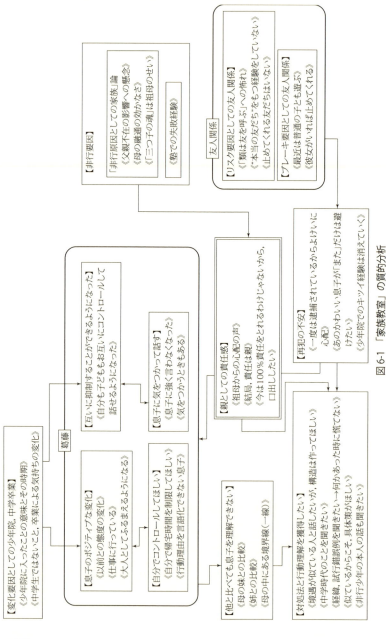

図 6-1 「家族教室」の質的分析

自身や娘などと比較した時に，子どもが分からない感覚を覚えている。そのため「家族教室」には【対処法と行動理解を獲得したい】という要望をもって参加したと考えられる。母が非行少年の親として抱えている葛藤や苦しみを同じ境遇にいるほかの参加者と分かち合い，子どもへの対処法を獲得したい，子どもを理解したいという気持ちが，継続参加の動機付けとなったことは間違いない。

　Aの母が考える子どもの【非行要因】は，当初は「非行原因としての家族」論に立脚するものが多く，そこから【親としての責任感】を強く感じているといえる。Aが自立して立ち直っていく過程を見守っていようと思うが，Aは未成年であるために責任の全てを負いきることができず，結局は親として母が負うようになることを考えると，子どもの言動に対して言いたいことは出てくる。しかし，言いたいことがあるけれど思うように言えないという葛藤の狭間で苦慮している。この苦衷を解消する手立てが家族教室であり，子どもへの具体的な対処法を見聞きして学ぶことで「もう少し頑張ってみよう」という気持ちになり，「立ち直りの手立てとしての家族」を体感するに至るのである。

　最も強く感じているのは【再犯の不安】である。仮退院当初は少年院での教育が体に染みついているかもしれないが，時間の経過とともに辛かった経験を忘れてしまい，再び事件を起こすことに対する不安が大きい。そして，良くも悪くも再非行に影響があると思われ，少年院に入院する理由となった事件にもつながった友人関係について，プラスの側面とマイナスの側面を考えている。Aと同様に粗暴な言動の目立つ友人が集まること，そのなかには行き過ぎた行動を止めてくれる友人がいないこと，といった【リスク要因としての友人関係】は避けられるようになってもらいたいと考えている。その一方で，真面目に生活を送っている友人とも遊ぶ機会が多くなったこと，親が話すことよりも友人や恋人が話すことの方が聞き入れられる年齢であること，といった【ブレーキ要因としての友人関係】が再非行を防ぐことにも目を向けている。

　【再犯の不安】は，【対処法と行動理解を獲得したい】という家族教室への参加動機付けとなり，家族臨床の根幹である「家族を手立てとする」

立ち直りのためのアプローチを体感するグループワークの意義が認められるのである。

第3節　訪問相談活動における経過

　大学の相談室での第7回面接において，高校受験に向けての学習支援を大学院生が，筆者の継続的なスーパービジョンを受けながらAの自宅に赴いて行う訪問相談の契約をした。Aへのダイレクトな生活指導の強化を目的に頻度は週に1回程度，90分の時間を設定した。訪問相談を行った大学院生作成の記録をもとに，指導教員である筆者のスーパービジョンの内容を中心に述べる（太字で示した）。

第Ⅰ期　少年院仮退院後の保護観察を家庭訪問面接で補完した時期
(#1：X＋1年7月〜#5：X＋1年9月)
　以下：Aの発言「　」，母の発言【　】，MF（院生）の発言《　》
　はじめの2回は，慣れない緊張もあってプライベート上の会話はなかったが，Aのアルバイトの残業で活動開始がずれ込んだ#3から，徐々に学習以外の話をするようになった。**心情・感情面に偏らず，具体的な生活状況，それも「できていること」を強調して聴取するようにスーパーバイズされた。**アルバイトは毎日休まずに行っており，トラブルなく続けられているという。慣れない仕事を辛く感じることもあるが，何とか続けられているようである。#4や#5ではアルバイトでの仕事がどのくらい大変であるかがAから語られた。しかし，料理をすることが好きなので，調理の練習もできることが楽しいことも語られた。
　アルバイトからの帰宅後は，猛暑を避けて家で休んでいるという。ごくたまに高校に通っている友だちと遊ぶこともあるが，放課後の時間に遊ぶことになるので，夕方から夜にかけて遅めの時間になる。《23時といった時間に外で遊んでいることは，ぐ犯行為である。Aは保護観察中なので友人よりも立場が悪いのだから，気をつけなければならない》ことを話し，その上で《自分から断ることができるようになると良い》と

助言した。不良交友については母からも相談を受けており,「家族教室」に関するインタビューの際にも話題に上がった。母は【口では大丈夫と言っていても，誘われると断れないところがあるので，心配】と話していた。MFは《先の不安は尽きないが，今は何とか堪えて頑張っているので，Aの頑張りを応援することに徹してみてはどうか》とアドバイスした。筆者の父親代理のような物言いに比べて，院生であるMFの受容・共感的立場の利点から，本人は夜遊び，母も心配を隠さずに話している。指導教員と同じような常識的な教示に陥らないようスーパーバイズされた。

　MF活動当初に夏の段階から勉強していく計画の見通しを立てたが，Aとしては実感がない様子であり，本音では受験の直前に少しだけ勉強すれば良いと考えているように思われた。

第II期　再非行に直面して立て直しを図る時期
（#6：X＋1年9月〜#16：X＋1年11月）

　再非行の告白をした面接の翌日に行われた#6は，MFに対してバツの悪そうな態度であった。事件への後悔とこれからのことについての不安を打ち消すためか，活動に慣れていいかげんになりがちだった学習を比較的まじめに取り組むようになった。MFとの関係も深まり，宿題を終わらせることができなかったときなどは「すいません。まだ終わってないので，今やってよいですか？」といった発言がなされるようになった。

　Aは以前から音楽バンドのサークルに入っており，この時期は秋祭りや大会に向けての練習が盛んに行われていた。アルバイトが終わって帰宅してから，自宅でその練習をしており，学習の優先順位が下がっていたが，サークルの活動はAの支えとなっており，そちらを優先することが得策であると判断した。スーパーバイザーから，地域社会のリソースの活用，マルチシステミック・アプローチとして，音楽サークル活動が有意義であると助言された。

　交友関係については，再非行事件に関わった友人らの連絡先を携帯電話のアドレス帳から削除したという。また，古くから付き合いが続いて

いる気心の知れた友人や，音楽バンドで知り合った友人などが選択され，これまでのように素性が分からない相手とは遊ばなくなったと報告される。

　この時期は，再非行を心配し続けた母が【やっぱりやってしまった】という失望を露わにした時期でもあった。しかも，懸念していた友人関係がベースとなって起こしてしまった事件だけに，事件後のAの行動にも一喜一憂し疲弊してゆく様子が見られた。母が，Aへの対応を投げ出してしまうことのないよう，心情を受け止めるよう努めた。スーパーバイザーが強調する「くたびれ果てないような時間稼ぎ」と理解できた。

第Ⅲ期　不安定な生活のなかで高校受験に至る時期
（#17：X＋1年11月〜#30：X＋2年4月）

　#17の活動後の帰り際に，Aがこのところアルバイトを休んでいるという話を母から聞く。翌週の#18には，アルバイトを辞めたという報告を本人から受ける。予想したとおり，アルバイトを辞めたことで目に見えて生活に締まりがなくなっていると感じられたが，志望校を具体的に挙げたり，自分の得手不得手から何が課題であるかを自覚している発言がなされたりと，高校進学への意思が以前より明確であることを踏まえ，MFからアルバイトを辞めてしまったことを批判することは避けた。スーパーバイザーからは，第2章で取り上げたProchaskaの変化のステージ・モデル「熟考・準備期」に該当し，立ち直りに不可欠な紆余曲折の時期であることが強調された。

　アルバイトを辞めた報告をし，大学の相談室で筆者と対立した翌日の活動#19では，イラついたことが残っているかと思ったが，MFに対してはこれまでどおりの対応であった。今後について尋ねると，年明け早々に私立高校の入試があるため，その過去問をやりたい，ということであった。大学教員の筆者と院生であるMFが相互補完的に機能していることが確認できた。#23では，面接練習として志願理由や卒業後の進路などの話をした。"中学校での出席状況"を質問された時に，どのように答えるかという話題になった。少年院に入院していたことを話すべきか，伏

せておくべきか，なぜ少年院に入ることになったのかを聞かれたらどのように答えるかなど，Ａが受験する上でのハンディとなる点について話し合った。しかし，結果として私立高校は不合格となり，Ａは進学に対する意欲自体が低くなってしまった。それ以降の活動（#24 ～ #28）でも，MF 活動時に部屋へ友人を呼んでいたり，入試前日に設定した #29 は，その前日から友人と遊びに出かけてしまい帰宅しなかった。さらに，面接試験を欠席したため，Ⅱ期選抜試験は不合格となった。母の落胆は大きく【もう何を言ってもしょうがない】とまで話していた。

その後，東日本大震災が発生したため活動自体が難しくなり，心配して訪問した際にⅢ期選抜の日程変更等を伝え，Ａの受験の意志を確認した。そして，3月末に行われたⅢ期選抜で，定時制のＣ高校にようやく合格した。

最終回として #30 でⅡ期選抜試験の際の経緯やⅢ期選抜の詳細を聞き，活動のまとめを行った。Ａは「今，楽しいことが大事。やりたいことをやって，楽しく過ごせるなら，それが一番」と話し，母は【何もしない，何もできないじゃ，そのうち誰にも相手にされなくなるよ】と諌めたうえで，【自分で高校に行くと言いだしたのだから，せめてそれはやり遂げて。私が高校に行けと言ったなんて，後になって言わないでよ】と忠告した。

学習支援という形式で実施している MF 活動としては，高校合格を契機として終結せざるを得ないとスーパーバイザーが判断し，治療的動機付けの制約から訪問相談活動を終結した。

第4節　考　察

非行臨床において，エビデンスが実証的に支持された処遇としては，「マルチシステミック・セラピー（MST）」が名高いことは第3章で取り上げた。本事例のアプローチは，次のような点で，MST の原則とも共通するものになっている（Henggeler et al., 2009）。

1）非行少年を取り巻く仲間，学校，近隣の人々など多様なシステムに働きかけるアプローチだが，その中心は家族への介入である。
2）「介入は家族の責任ある行動が促され，無責任な行動が減るように計画される」（原則3），「養育者を励ますことで，複数のシステム内の環境にある家族のニーズに対応できるようにする」（原則9）など，家族援助の基本を採用している。
3）MSTの「仲間との関係を変える」手法は，本事例では音楽バンドのサークルなど地域の社会資源を利用していること，また，「学校環境における学業面や社会面の能力を促進する」手法は，本事例ではスクールカウンセラーへの支援，メンタルフレンドによる学習支援といった学校臨床との連携が図られていることに相当する。ともに環境面を重視して生態学的な視点が強調されるシステムズ・アプローチの原則に則ったものである。
4）MSTでは，家族を地域社会の支援と結びつけるため，公的支援と地域社会の非公式の支援を活用することが推奨されており，本事例でも，少年院在院中の環境調整や保護観察など非行臨床機関との連携が社会的支援として機能することが重視されている。

　このようなシステムズ・アプローチの観点から，保護観察というフォーマルな資源と，個人が持つ家族を中心とするインフォーマルな資源，すなわち筆者という地元大学の専門家が協働することにより，スクールカウンセリング・大学の相談室・保護観察所の家族教室・メンタルフレンド活動といったサービスをパッケージとして提供するMST同様のケース・マネジメント手法を活用した援助実践の一例を詳述した。
　欧米と違って，公的な専門機関が処遇プログラムを大学の研究者などに委託することはなく，また，特定の処遇パッケージをそのまま導入することも，非行臨床という刑事司法の領域では，わが国での展開は進んでいない。非行臨床・学校臨床・心理臨床など多様な専門領域に精通し，クライエントのニーズに沿った複数のプログラムをマネジメント，スーパーバイズ，そして，実施していく筆者の方法が，わが国のシステムズ・

アプローチの実現可能な形態と考えている。

　システムズ・アプローチとは，単に多機関・多職種連携を意味するものではない。臨床上のニーズに即してコーディネートされるものであり，支援システム自体が機能するよう組織のアセスメント能力が不可欠となる。具体的には，時に厳しく現実への直面化を促す元保護観察官である筆者による父親の権能を補完する指導とそれへのAの反発や抵抗が顕在化する。これに対して，院生であるMFの受容・共感的対応とそれによるAの弱音の吐露や高校受験といった自己決定の姿勢が発現する。さらに，合同家族面接により「きちんとガタガタする」体感を経た後に，筆者がファシリテーターを務める保護観察所の家族教室への受講が促される。また，再非行に際してAに真正面から向き合う筆者と相手の土壌に入ってAと母親を支えるMFなど，Aと母親をめぐる相互補完的な支援体制の機能分担，「援助組織の協働」となる支援システムの構築，すなわち，「家族を手立てとする」立ち直り支援システムが具現化されていくのである（吉川，2009）。

おわりに

　本事例で主に用いた手技は，第4章で詳述した筆者（2010）の「きちんとガタガタする」アプローチである。反抗はするが理由を言葉で表すことができず，その時の気分や友人とのノリで"これをしたらどうなるか"ということを考えずに違法行為に及んでしまう姿は，筆者（1999）が述べた〈悩みを抱えられない少年〉というイメージに合致する。そのようなAに対して，社会常識から外れる言動の矛盾や混乱を指摘し，〈A君にとってはそうかもしれないが，私にはそうは思えない。どうしても納得できない〉と自分の問題に直面化させるとともに，常識的な心理教育的助言に努めたものである。これを繰り返すことで，母や周囲の大人がAの言動をどのように受け止めるかを教唆し，葛藤を体験させることとした。物事のプラス・マイナスを考えさせる手法は，マイナス評価に偏りがちな支援者への拒絶感を減少させると同時に，"これをしたらど

うなるか"と，行動化に至る前に言語化させ，「案ずる・察する」ことができるよう発達を促すことを目的とした介入である。

そういった関わりの効果や成果を見極めるためにも，大学の相談室での心理的支援が終結した後も保護観察は継続し，少年院からの本退院という良好措置で終結していることを確認している。高校進学，就労と非行からの離脱には4年弱の期間を必要としているが，多元的かつ多機関連携によるマルチシステミックな家族支援は，ときに再非行もある少年の紆余曲折の立ち直りに不可欠な発達過程を保障する「時間稼ぎ」の機能を十分に果たしたものと認められる。

第7章 家族を手立てとする立ち直り支援：まとめに代えて

第1節　非行少年のタイプ別の立ち直り支援の在り方

　筆者は，家族支援の前提である少年非行を理解するのに役立つように，その立ち直りの過程に即して非行少年を次の三つのタイプに類型化している（生島，2009）。それぞれに適合した立ち直り支援の在り方について，家族臨床を中心に付加して補論としたい。

1）マイナスの集積を背負った少年非行
　　親の離婚を典型として生育歴が複雑で，家庭のマイナス要因が目立ち，小学校から問題行動が始まっている。中学に入り，万引き，粗暴非行と拡大し，不良交友のなかでときに重大な非行を犯す者もいる。年齢を加えるうちに社会性が伸長し，就労や異性との関わりのなかで立ち直りのきっかけをつかんでいくのが特徴である。今もなお，児童自立支援施設や少年院などに収容されている子どもたちの多くがこれに該当する。
2）時代の鏡としての少年非行
　　社会の変動を反映した「時代の鏡」として理解できるもの。強盗が「おやじ狩り」，売春が「援助交際」と呼ばれるように，非行自体は古典的だが，携帯電話の普及，出会い系サイトの登場など手口や内容が社会状況を強く反映していることが特徴である。学校や家庭

での「居場所のなさ」を訴える行動化は危険性が高く，非行を契機に隠蔽された家庭問題が顕在化することも少なくない。

3）突出した特異な少年非行

10年に何件かは，社会を驚愕させる特異な事件が起こる（山本，2015）。1980年代には，「浮浪者連続襲撃事件」（1983年・神奈川県），「女子高生コンクリート詰め殺害事件」（1988年・東京都足立区），1990年代には，「一家4人強盗殺人事件」（1992年・千葉県市川市），「小学生連続殺傷事件」（1997年・兵庫県神戸市）などがあった。そして，2000年代に入って「バスジャック事件」（2000年・佐賀県）を皮切りに，2006年に奈良県で16歳の男子高校生が自宅に放火し，継母，妹・弟が焼死した事件，そして，2007年に福島県会津若松市で17歳の男子高校生が母親を殺害し，遺体を損壊した事件が記憶に残る。「小学6年生女児同級生殺害事件」から10年目にあたる2014年には，再び長崎県佐世保市において発生した「高1女生徒同級生殺害事件」により社会不安が高まっている。

これら非行少年のタイプに応じて，効果的な立ち直り支援の在り方も異なる。本書の第5章において取り上げた事例は，前述のタイプのうち，「2）時代の鏡としての少年非行」に該当するものである。支援対象としての家族は存在しているが，家族機能は不全状態であり，子どもの非行を契機として，いわば「SOS信号」が出されているのであって，本書が取り上げてきた家族支援の手法が中核的に適用されるタイプである。合同家族面接等を駆使した家族支援は，有用な「時間稼ぎ」となり，子どもが「悩みを抱える」までに成長・発達するプロセスを保障するものとして有用である（生島，1999）。

次に，「1）マイナスの集積を背負った少年非行」で例示した伝統的，古典的な非行少年の家庭像は，本人の非行性の深化に対処するため家族への働きかけが必要な事例ほど親の欠損率が高く，親自身が犯罪者・アルコール依存症・不就労など多くの問題を抱えているといったものであった。そこで，家族の代替機能を担うシステムとして里親，あるいは，

第7章 ❖ 家族を手立てとする立ち直り支援：まとめに代えて

夫婦で住み込んで生活を共にして支援を行う教護院（現在の児童自立支援施設）における育て直し的アプローチが行われてきたのである。さらに，非行性が進んだ少年には，少年院において，家族に頼らなくても生きていける大人となるよう自立のための矯正教育が行われているが，これは，国が親代わりとなる「国親思想」が基盤といわれており，少年法の健全育成モデルの原型と考えられてきたのである（澤登，2011）。すなわち，外部の専門家による家族機能を向上させるような働きかけよりは，家族（親）に頼らなくてもよいように子どもを育てあげる，国の社会政策としての児童福祉的アプローチが優先されてきた。このような状況で，施設収容された子どもの家庭は，立ち直りには大きなマイナスとなる環境要因と見なされ，治療的働きかけをトライしたとしても「苦労の割に効果の上がらないもの」として，家族機能を直接的に介入対象とする家族臨床家の姿勢を消極的にしてきたといえるであろう。

ところで，従来の貧困が背景にある家庭崩壊に対して，近年は，「豊かな社会」における家族力の低下が要因として挙げられるが，典型例は児童虐待の二次障害としての非行が指摘されている（藤田，2010）。また，かつては，客観的にみて「家庭環境の劣悪さが要因」と見なされるケースであっても，「親のせいにはしたくない，自分が悪いです」と強弁した子どもが大半であった。しかしながら，生育史的な苦労を乗り越え，それを糧として成長するといった価値観は失われたのか，自分の非行の要因を安易に生育歴のマイナス側面に外在化する，すなわち"親のせい"にする子どもが目立ってきたように，筆者は近年の臨床経験から感じている。立ち直りのための家族支援については，「保護者はとても必要だと考えている」と更生支援ニーズのあることが直近の少年院仮退院者800名を対象とした法務省による大量調査が明らかにしており（法務総合研究所，2014），「非行の原因ではなく，立ち直りの手立てとしての家族」を一層明確化したアプローチが求められているといえるだろう。

一方，近年もまた離婚数が増加して，ひとり親家庭の新たな貧困問題が顕在化し，虐待体験など重荷を背負った子どもへの社会的支援が重視されている。家族支援も，親がいないのではなく，機能しない現状に対応

して，被虐待児が児童養護施設に在所中から児童相談所が取り組む「家族再統合実践モデル」などのプログラムが行われる必要がある（野口, 2008）。これは，被虐待児から非行少年への移行を予防し，親の欠損や逸脱行動を子どもの非行に転化させない世代間伝達を絶つ試みであり，換言すれば「親の育て直し」という困難な作業ということになる。家族臨床としては，子ども－両親－祖父母という3世代にわたる家族システムを視野に入れたアプローチが不可欠となる。実施主体も，特に中学生以下の年少児であれば，児童相談所や児童自立支援施設などの家族福祉機関・施設が中心とならざるを得ないのである。

最後に，「3）突出した特異な少年非行」として取り上げた事件は，発達障害・精神障害との関連が注目されたものも多く，このような障害が要因でなくとも，国立の児童自立支援施設や第3種（医療）少年院などを出た後の児童思春期精神医療との連携が少年の立ち直りに不可欠なケースである。成人の触法障害者に適用される「医療観察制度」における精神保健観察に類する，少年の触法発達障害者に関する新たな法的システムの構築が喫緊の課題である。

このような重篤な事案は別としても，知的障害を含む発達障害の影響が認められるケースは目立っており，臨床現場での有用なアプローチが求められている。筆者は，大学の相談室やスクールカウンセリングにおいて，保護者との面接を積極的に設定することを基本として，次のような心理教育的なアプローチを，子どもに直接的・継続的に関わる教育関係者等に非行臨床の一環としてコンサルテーションしてきた。

非行臨床の専門機関や筆者を含めた専門家が取り扱う段階に至る前の「目に見えにくい・気づかれにくい」発達障害が，二次障害として顕在化し，ときに重大事件化することを防ぐ介入が臨床のポイントとなるからである。

1）「こだわり・固執する」といった強迫的傾向が，性非行を典型例として問題行動をエスカレートさせる危険性に留意する。こだわりは，社会的イマジネーションの障害が背景にあるといわれているが，同

じパターンの非行を繰り返すことにつながり，再犯，凶悪化のリスクとなることに十分配意したい。
2) 学校の教育相談に際しては，「受容・共感」の姿勢は大事であるが，それ一本槍は無効であり，悪影響さえ与えかねない。反対に，生徒指導については，「甘え・未熟」への対応だけでは効果がなく，自閉症スペクトラム等の発達障害の特性，例えば，言葉を字義どおりに受けとってしまう，一方的な話に終始するといった「社会的コミュニケーション障害」に配意した受け答えが不可欠である。
3) 違法行為に対して「ダメなものはダメ」「危ないことはすぐやめさせる」といった毅然たる態度が重要であり，ハンディキャップに配慮しての例外や特別扱いが現場ではありがちであるが，かえって裏目に出ることも少なくない。
4) 「ことは大事（おおごと）である」と体感させ責任を取らせる。そのためにも警察や児童相談所などの公的機関の力も借りることは有用である。視覚優位の活用ではないが，校長・教頭・生徒指導主任・担任・スクールカウンセラーが揃った場に，本人・保護者を招集しての重苦しい「儀式」もときに必要である。
5) 自分のやっていることが「問題」で，周囲との間に不具合が生じていることに直面化させるためにも，被害を受けた側が「嫌であること・困ること」を冷静に伝える。あるいは，そのような場を設定する。ただし，「相手のことも考えなさい」と叱ったり，言葉の上での反省を迫ったりすることは有効ではない。
6) 理屈で押していくのはいいが，知的能力が高くても話せば分かるというわけではない。あくまで，日常の生活場面で言動の社会的意味の歪み・ズレを指摘し，具体的に修正する作業，つまり「世間の常識」を繰り返し具体的に教える。工夫と根気は必要だが，反省ができない社会性の障害といっても，対人関係のスキルを本人・保護者が向上させることは十分に可能である。

第2節　非行臨床における家族支援の留意点

　前述の非行少年のタイプのうち,「2）時代の鏡としての少年非行」に顕著に認められる事象であるが，離婚，母親の就労，祖父母による養育代替の増加などは必然の流れであり，家族の構造的な問題と捉えることは社会的ニーズの観点からも馴染まないし，生産的な議論でもない。家族の機能障害に焦点を当てながらも，経済的格差など社会的な視野をもって，発達障害などの生物的観点も含めた多元的アプローチであるシステムズ・アプローチの臨床現場での一層の適用拡大が期待される。

　しかしながら，非行臨床において，家族を重要視し，治療者が家族と関わりを強めることには，いくつかの「副作用＝マイナス」が生じるおそれがあり留意が必要である。

　第一には，家族に焦点を当てることは，おのずから治療者の家族に対する期待が高まることを意味する。一方で，核家族化による拡大家族からのサポートの減少，離婚によるひとり親家族の増加なども一因となって，家族の危機対処能力は，近年低下する傾向にある。そこで，矯正施設からの受け入れを拒否する家族や援助に応じようとしない家族を非難する姿勢が治療者に生まれるおそれが生じる。家族への関わりが，旧家族観やソーシャル・サポートの欠如を背景にして,「家族には責任があるはずだ。やるべきことを家族がしない」と子どもを抱えきれない家族への不当な押し付けにつながることのないように留意する必要がある。個人の問題を理解するのに，家族というより大きなシステムのなかで取り組もうと創出されたシステム論に基づく家族療法であるが，家族臨床は家族への社会的支援にほかならないという基本的な認識の再確認が重要である。

　第二に，内省に乏しく，他罰傾向の強い非行少年の特性から,「俺が悪くなったのは親のせいだ」と，治療者の親への関わりが「親がダメだから支援対象となっている」と少年に誤って受け取られ，かえってマイナスに働くこともある。さらに，最近では，思春期以降の学業・就職・結

第7章 ❖ 家族を手立てとする立ち直り支援：まとめに代えて

婚などでのつまずき，さらには，自殺企図・摂食障害・薬物乱用等の不適応行動と親のアルコール依存や児童虐待などを強く関連づける「アダルト・チルドレン」から始まり，最近では「毒親」といった言葉まで登場し，心理臨床のみならず，社会一般でも家族病理的観点が復活してきた（清水，2014）。その影響もあるのか，「自分はどれだけ親からひどい目にあったか」と声高に親を非難する，あるいは，家庭への居場所感の欠如を訴える少年による非行事件も少なくない。

直線的因果論にとらわれて，親と子を加害者－被害者関係に仕立て上げていては，子どもは依存対象を失い，親は子どもの無理難題に疲れ果て，埒があかないことは明らかである。家族の苦衷，不安をしっかり受け止めながら，悪循環に陥っている家族の解決方法に関して具体的な修正案を円環的因果論に拠って示し，本人の加齢に伴う社会性の成熟を待つこと，そして，立ち直りの契機となる「人との出会い」のための〈時間稼ぎ〉という家族臨床の要諦に立ち戻ることが肝要であろう。

第三に，家族を処遇対象としようとすれば，治療者自身の家族経験，家族観，家族内での位置や立場が色濃く処遇に反映されることが体験される。非行少年という治療者から距離を置くことができる，客観視の容易な支援対象とは異なり，家族への関わりは冷静な対象化が難しく治療者が巻き込まれやすいといえるであろう。

未だ自身が親との問題を色濃く引きずっている治療者の場合，親と葛藤状態にあるクライエントの口から発せられる邪悪な親のイメージが乗り移ったのか，クライエントの代わりに親と格闘している事例をみることさえある。これらに対処するためには，その経過について適切なスーパーバイズを受けるとともに，治療者自身の家族観についても，不断の内省と自己点検が肝要である。ところで，システムズ・アプローチに基づく家族療法のスーパービジョンでは，その過程における基本要素として，「スーパービジョンにおけるダイナミックスには，ヒエラルキーと権力が含まれる」との指摘があるが（Lee & Everett, 2004），特に非行臨床においては公的な専門機関が中心であり，スーパーバイザーとバイジーが上司と部下の関係となることから留意しなくてはならない。

第3節　非行臨床における
システムズ・アプローチの展開のために

　思春期危機としての少年非行は，少年人口自体の減少もあって，量的には大きな社会問題ではなくなりつつあるが，発達障害や被虐待経験の二次障害などが背景にある質的に深刻な事案は後を絶たない。その立ち直り支援のためには，一専門機関による特定のアプローチでなく，多職種多機関連携によるシステムズ・アプローチ，そして，少年本人と直接的・長期的に関わることが唯一できる家族への専門的支援が不可欠である。さらに，非行発生時の危機介入に加え，長期的観点から，本人の発達を保障し，見守るケース・マネジメントの重要性を述べたのが本書の目的であった。

　既に述べたように，警察庁の統計によれば，刑法犯少年の検挙人員は，平成16年以降連続して減少しており，平成27年は約3万9千人とこの10年間で約34.5％にまで減少した。しかしながら，非行の初期段階から立ち直りの要となるべき家族が機能不全のまま対応に困窮し，深刻・重大な非行内容に至った事案は後を絶たない。2015（平成27）年だけでも，「佐世保・高1同級生殺害事件」の女子生徒が第3種（医療）少年院送致，名古屋の女子学生が高校生時代から同級生を毒殺しようとしていた事件が明らかとなったほか，神奈川県川崎市の中1殺害事件における加害・被害少年たちの複雑な家庭環境が問題視されている。さらに，神戸連続児童殺傷事件の加害少年による『絶歌』（元少年A，2015）が出版され，その更生いかんが大きな社会的関心となった。その立ち直り支援の全体像は示されていないが，いかなる家族支援もなされてこなかったことは事実であり，精神医療との連携に配意した非行臨床システムの構築は今なお進展していない。

　このような重大な事案はもとより，発達障害や児童虐待の二次障害が認められる事案については，一つの専門機関・専門職による特定のアプローチでなく，心理臨床・精神医療・福祉等の多職種多機関連携によるシ

第7章 ❖ 家族を手立てとする立ち直り支援：まとめに代えて

ステムズ・アプローチが必要不可欠であることはいうまでもない。ところが，各非行臨床の専門機関は，法的な制約から限定された短期間の関与，危機介入的支援が中心とならざるを得ない治療構造上の特質が現に存在する。そのなかで，少年本人の発達を保障し，直接的・長期的に唯一関わることのできる家族への支援が重要となる。ただし，従来の「非行の原因としての家族」ではなく，「家族を手立てとする立ち直り支援」が長期的に継続実施されなければ，有効・有用なものとはならないことは繰り返し述べてきたとおりである。

少年非行全体が減少するなかで，警察が介入するほど深刻な家庭内暴力事案は，2010（平成22）年には1,484件であったものが2014（平成26）年には2,091件となるなど，近年，増加傾向が明らかであり，専門的な支援が必要な保護能力の脆弱な家庭が増えていることがうかがえる。発達障害・被虐待経験の二次障害として，重大な非行事案が顕在化しないよう，組織的，すなわち，システミックなアプローチが，予防的介入としても求められているのである。非行臨床機関の家族支援の実情を踏まえて，各機関で継続的に実施可能なユニバーサルな家族支援の方法が求められていることから，長期間の臨床実践に裏付けられたエビデンスのある非行臨床における家族支援の理論と技法の全体像が提示されなければいけない。

筆者は，大学の心理相談員やスクールカウンセラーとして，非行臨床の公的な専門機関と連携しながら，危機介入にとどまらず，数年間に及ぶ長期的・継続的家族支援に加えて，多数の非行事例に対するコンサルテーションを行ってきた。さらに，形式的にも，個別的な家族面接，家族教室といったグループワーク，少年警察補導員や児童相談所スタッフへのスーパーバイズといった方法により非行臨床を実践している。

本書では，わずか2例のみの大学相談室における直接介入事例の提示となっており，その集積された臨床データを「家族の語り」として捉え，ナラティブ・アプローチに対する質的研究の方法により分析するなど，理論的集約化，技法の体系化を一層図ることが課題として残された。とりわけ，発達障害・被虐待経験の二次障害が認められる事案については，

精神医療・福祉との連携が不可欠である。しかしながら，その実践上の課題と克服の工夫について，一臨床家としては，事例紹介にとどまらず，法的整備を含めたシステムズ・アプローチとしての政策提言が重要であると痛感している。これまで，それぞれの非行臨床機関の専門家による，主に危機介入的な支援を紹介，事例研究したものは少なくないが，数年に及ぶ長期的な家族支援を多職種多機関連携により，まさにシステミックに実施した事例の総合的な分析は行われていない。今後とも，臨床実践研究により理論化をさらに精緻なものとし，何よりも少年本人，そして家族のニーズに沿った，治療者自身も有用さを体感できるアプローチにしていかなくてはならない。

　このような課題はあるが，本書は，非行臨床機関の処遇現場の実態を踏まえた上での家族臨床理論及び技法の提示であり，長期間の継続的な支援が可能となるユニバーサル・デザインによるアプローチが体系化される一つのプロセスであると考えている。筆者が示した手技は，予防的段階にあるスクールカウンセリングや警察の少年相談から深刻・重大事例の立ち直り支援を担う少年院や保護観察所においても適用可能なものである。短期的なコスト・ベネフィットが実証された欧米のマルチシステミック・セラピーや機能的家族療法などのプログラム化されたアプローチも常に参照しながら，わが国の臨床システムに合致した，さらには，長期の臨床経験に裏付けられた，クライエント，その家族，治療者の語りによるエビデンスを継続的に示していくことが筆者の責務である。

おわりに

　大学を出て，1979年に法務省の保護観察官という非行少年・犯罪者に対する社会内処遇に従事する職務に就いてから，日々の実務に必要を迫られて臨床に関わる人間関係諸科学を勉強してきた。筑波大学教育研究科カウンセリング専攻，いわゆる，社会人のための夜間修士課程を1992年に修了，2001年に福島大学大学院に臨床心理士養成大学院が新設されて法務省から文部科学省への出向という形で赴任してきた。以来，非行・犯罪臨床，家族臨床を講じ，大学の臨床心理・教育相談室，中学・高校のスクールカウンセラー，専門機関のスーパーバイザー等として臨床業務に従事してきたものである。

　本書は，東北大学大学院文学研究科へ博士学位論文（文学）として提出した「非行臨床における家族支援に関する研究」に第6章の事例研究を追加し，まとめ直したものだが，この書名は，私が30年余り，一貫して追求してきたテーマである。わが国の非行臨床にシステム論に基づく家族療法を導入・展開してきたとの自負はあるが，臨床実践を書き飛ばしてきたというのが実感で，大学教員となったからには研究論文という形で，自らの実践理論とアプローチをまとめなくてはという思いは募るばかりであった。

　2009年度に博士課程後期3年の課程に編入学を許可されたが，本務である臨床心理士養成大学院教員のために休学を重ね，7年間に及んだ博士論文の執筆にあたり多くの方々にお世話になりました。何より，指導教員である大渕憲一教授には，「実践の上に理論化を図れ」という命題を与えられ，筆者の呻吟に付き合っていただきました。論文作成に不可欠な文献にしても，筆者のアプローチは，故人となった鈴木浩二・下坂幸三両氏との同席面接や欧米のマスターセラピストのワークショップ等で修得したものが大半でした。臨床経験が優先し，独りよがりの論述になりがちであった論考を，大渕先生には繰り返し細部に至るまで読み通

していただき，その書き直しの回数は数え切れないほどです。また，社会人大学院生にとって，年2回の演習報告の場は貴重であり，心理学研究室の行場次朗教授，阿部恒之教授，坂井信之准教授，辻本昌弘准教授には，的確な助言をいただきました。これらの諸先生方に加えて，社会学研究室の下夷美幸教授，さらには，教育学研究科の加藤道代教授からも，学位論文審査会において有益かつ貴重なご意見を賜りました。

最後に，臨床実践研究と執筆を支えてくださった法務省の保護観察官時代からの同僚，福島大学大学院人間発達文化研究科学校臨床心理専攻の教員，陪席を務めた院生・修了生，そして，家族に心より感謝申し上げます。また，遠見書房代表の山内俊介氏には，博士論文をほぼそのままの形で出版するというリスクを負わせた上に，速やかな編集でわずか半年もたたないうちに刊行できたこと，重ねて深く感謝いたします。

本書が，非行問題のみならず，家族支援を手立てとしたリスク・マネジメント，さらに筆者も微力を尽くしている被災者支援に携わる方々のためにいくらかでもお役に立てれば望外の幸せである。

東日本大震災・原発事故から5年目の日に
2016年3月11日

生島　浩

引用文献一覧

American Psychiatric Association（2013）*Diagnostic and Statistical Manual of Mental Disorders, fifth edition.* American Psychiatric Publishing.（高橋三郎・大野裕監訳（2014）DSM-5　精神疾患の診断・統計マニュアル．医学書院．）

Andrews, D.A., & Bonta, J.（2010）*The Psychology of Criminal Conduct, fifth edition.* New Province, NJ: Matthew Bender & Company, Inc.

Bertalanffy, L.V.（1968）*General System Theory: Foundations, Development, Applications.* George Braziller.（長野敬・太田邦昌訳（1973）一般システム理論―その基礎・発展・応用．みすず書房．）

Bonta, J.（2012）The RNR Model of Offender Treatment: Is There Value for Community Corrections in Japan?（染田惠監訳：日本の犯罪者の社会内処遇制度におけるRNRモデルの有効性）更生保護学研究，創刊号，29-56．

Connor, D.F.（2002）*Aggression and Antisocial Behavior in Children and Adolescents: Research and Treatment.* The Guilford Press.（小野善郎訳（2008）子どもと青年の攻撃性と反社会的行動―その発達理論と臨床介入のすべて．明石書店．）

Cooper, J.F.（1995）*A primer of Brief Psychotherapy.* W.W. Norton & Company, Inc.（岡本吉生・藤生英行訳（2001）ブリーフ・セラピーの原則―実践応用のためのヒント集．金剛出版．）

Cummings, E.M., Davies, P.T., Campbell, S.B.（2000）*Developmental Psychopathology and Family Process: Theory, Research, and Clinical Implications.* The Guilford Press.（菅原ますみ監訳（2006）発達精神病理学―子どもの精神病理の発達と家族関係．ミネルヴァ書房．）

Fisch, R., Weakland, J.H., & Segal, L.（1982）*The Tactics of Change: Doing Therapy Briefly.* Jossey-Bass Publishers.（鈴木浩二・鈴木和子監訳（1986）変化の技法―MRI短期集中療法．金剛出版．）

Foley, V.D.（1974）*An Introduction to Family Therapy.* Grune & Stratton.（藤縄昭・新宮一成・福山和女訳（1984）家族療法―初心者のために．創元社．）

Frankel, A.J. & Gelman, S.R.（2003）*Case Management: An Introduction to Concepts and Skills, second edition.* Lyceum Books. Chicago, IL.（野中猛監訳（2006）ケースマネジメントの技術．金剛出版．）

藤岡淳子（2005）被害者と加害者の対話による回復を求めて—修復的司法におけるVOMを考える．誠信書房．

藤田博康（2010）非行・子ども・家族との心理臨床．誠信書房．

Glueck, S. & Glueck, E.（1950）*Unraveling Juvenile Delinquency*. Cambridge Massachusetts, Harvard University Press.（法務省訳（1961）少年非行の解明〔補訂版〕．大蔵省印刷局．

後藤雅博編（1998）家族教室のすすめ方—心理教育的アプローチによる家族援助の実際．金剛出版．

浜井浩一・村井敏邦編（2010）発達障害と司法—非行少年の処遇を中心に．現代人文社．

Henggeler, S.W., Schoenwald, S.K., Borduin, C.M., Rowland, M.D., Cunningham, P.B.（2009）*Multisystemic Therapy for Antisocial Behavior in Children and Adolescents, second edition*. The Guilford Press.（吉川和男監訳（2008）児童・青年の反社会的行動に対するマルチシステミックセラピー（MST）〔初版〕．星和書店．）

廣瀬健二（2013）子どもの法律入門〔改訂版〕—臨床実務家のための少年法手引き．金剛出版．

Hirschi, T.（1969）*Causes of Delinquency*. University of California Press.（森田洋司・清水新二監訳（1995）非行の原因—家庭・学校・社会へのつながりを求めて．文化書房博文社．）

Hoffman, L.（1981）*Foundation of Family Therapy: A Conceptual Framework for Systems Change*. Basic Books.（亀口憲治訳（1986）システムと変化—家族療法の基礎理論．朝日出版社．）

法務省法務総合研究所（2014）研究部報告54　非行少年と保護者に関する研究—少年と保護者への継続的支援に関する調査結果．

法務省法務総合研究所（2015）平成27年版犯罪白書．

本間博彰・小野善郎編（2008）子どもの心の診療シリーズ5　子ども虐待と関連する精神障害．中山書店．

本間博彰・小野善郎編（2009）子どもの心の診療シリーズ7　子どもの攻撃性と破壊的行動障害．中山書店．

堀川惠子（2013）永山則夫：封印された鑑定記録．岩波書店．

星野周弘（2004）少年のライフコースと非行経歴との関連に関する縦断的調査研究．平成12年度〜15年度科研費研究報告書．

井上公大（1980）非行臨床—実践のための基礎理論．創元社．

石川義博・青木四郎（2003）改訂　思春期危機と家族—登校拒否・家庭内暴力のチーム治療．岩崎学術出版社．

石川義博（2007）少年非行の矯正と治療―ある精神科医の臨床ノート．金剛出版．

岩井敬介（1986）保護観察における権威とその周辺．犯罪と非行，第69号，31-49．

Jackson, D.D.（2005）*Selected Essays at the Dawn of an Era.* &（2009）*Interactional Theory in the Practice of Therapy Selected papers vol. II.* (edited by Ray, W.A.) Zeig, Tucker & Theisen Inc.（小森康永・山田勝訳（2015）家族相互作用―ドン・D・ジャクソン臨床選集．金剛出版．）

神奈川県政策研究・大学連携センター（2015）平成26年度調査報告書―ソーシャル・インパクト・ボンドの導入可能性と課題．

苅谷剛彦（2001）階層化日本と教育危機―不平等再生産から意欲格差社会へ．有信堂．

Kazdin, A.E.（2005）*Parent Management Training: Treatment for Oppositional, Aggressive, and Antisocial Behavior in Children and Adolescents.* Oxford University Press.

警察庁生活安全局少年課（2015）平成26年中における少年の補導及び保護の概況．

木下康仁（2007）ライブ講義M-GTA 実践的質的研究法―修正版グランデッド・セオリー・アプローチのすべて．弘文堂．

北部大輔・生島浩（2011）少年非行に対する統合的家族支援の一例．福島大学心理臨床研究，第6号，19-28．

小林英義・小木曽宏編（2009）児童自立支援施設これまでとこれから―厳罰化に抗する新たな役割を担うために．生活書院．

小林寿一（2008）少年非行の行動科学―学際的アプローチと実践への応用．北大路書房．

小西聖子（2008）犯罪被害者のメンタルヘルス．誠信書房．

國分康孝（1992）構成的グループ・エンカウンター．誠信書房．

黒川昭登（1978）非行をどのように治すか．誠信書房．

Lee, R.E., & Everett, C.A.（2004）*The Integrative Family Therapy Supervisor: A Primer.* Brunner-Routledge, NY.（福山和女・石井千賀子監訳（2011）家族療法のスーパーヴィジョン―統合的モデル．金剛出版．）

Liberman, R.P.（2008）*Recovery from Disability: Manual of Psychiatric Rehabilitation.* American Psychiatric Publishing, Inc.（西園昌久総監修，池淵恵美監訳（2011）精神障害と回復―リバーマンのリハビリテーション・マニュアル．星和書店．）

Liddle, H.A., Rodriguez, R.A., Dakof, G.A., Kanzki, E. & Marvel, F.A.（2005）

Multidimensional Family Therapy: A Science-Based Treatment for Adolescent Drug Abuse. In: Lebow, J.L. (ed.) *Handbook of Clinical Family Therapy*. John Wiley & Sons, Inc. pp.128-163.

Lilly, J.R., Cullen, F.T., Ball, R.A.（2011）*Criminological Theory:Context and Consequences* fifth edition. Sage Publications Inc.

Maruna, S.(2001)*Making Good: How Ex-Convicts Reform and Rebuild Their Lives*. American Psychological Association.（津富宏・河野荘子監訳（2013）犯罪からの離脱と「人生のやり直し」―元犯罪者のナラティヴから学ぶ．明石書店．）

McGoldrick, M., Gerson, R., & Shellenberger, S.（1999）*Genograms: Assessment and Intervention, second edition*. W.W. Norton.（石川元・佐野祐華・劉イーリン訳（2009）ジェノグラム（家系図）の臨床―家族関係の歴史の基づくアセスメントと介入．ミネルヴァ書房．）

Minuchin, S., Montalvo, B., Guerney, B., Rosman, B. & Shumer, F.(1967)*Families of the Slums: An Exploration of Their Structure and Treatment*. Basic Books, New York.

Minuchin, S.（1974）*Families and Family Therapy*. Harvard University Press.（山根常男監訳（1983）家族と家族療法．誠信書房）

Minuchin, S., & Fishman, H.C.（1981）*Family Therapy Techniques*. Harvard University Press.

水島恵一（1971）増補 非行臨床心理学．新書館．

宮本信也・田中康雄編（2008）子どもの心の診療シリーズ2　発達障害とその周辺の問題．中山書店．

森武夫（1986）少年非行の研究．一粒社．

森岡正芳編（2015）臨床ナラティヴアプローチ．ミネルヴァ書房．

元少年A（2015）絶歌．太田出版．

麦島文夫（1990）非行の原因．東京大学出版会．

村上龍（2003）13歳のハローワーク．幻冬舎．

中釜洋子（2010）個人療法と家族療法をつなぐ―関係系志向の実践的統合．東京大学出版会．

日本家族研究・家族療法学会編（2013）家族療法テキストブック．金剛出版．

日本家族心理学会（1983）家族心理学年報1　家族臨床心理の展望．金子書房．

野口啓示（2008）被虐待児の家族支援―家族再統合実践モデルと実践マニュアルの開発．福村出版．

小原多須奈（2011）矯正教育の新潮流．In：生島浩・岡本吉生・廣井亮一編

著:非行臨床の新潮流―リスク・アセスメントと処遇の実際. 金剛出版, pp.161-171.
Office of Juvenile Justice and Delinquency Prevention (2004) *Blueprints for Violence Prevention.* U. S. Departmet of Justice.
O'Hanlon, B., & Beadle, S. (1994) *A Field Guide to Possibility Land: Possibility Therapy Methods.* Possibility Press, Omaha, Nebraska. (宮田敬一・白井幸子訳 (1999) 可能性療法―効果的なブリーフ・セラピーのための51の方法. 誠信書房.)
小此木啓吾編集代表 (2002) 精神分析事典. 岩崎学術出版社.
小野一光 (2013) 家族喰い―尼崎連続変死事件の真相. 太田出版.
大渕憲一 (2006) 犯罪心理学―犯罪の原因をどこに求めるのか. 培風館.
Patterson, G.R. (1982) *Coercive Family Procrss.* Eugene, OR: Castalia.
Prochaska, J.O., Norcross, J.C., & DiClemente, C.C. (1994) *Changing for Good: A Revolutionary Six-Stage Program for Overcoming Bad Habits and Moving Your Life Positively Forward.* Harper Collins Publishers. (中村正和監訳 (2005) チェンジング・フォー・グッド―ステージ変容理論で上手に行動を変える. 法研.)
Prochaska, J.O., & Norcross, J.C. (2007) *Systems of Psychotherapy: A Transtheoretical Analysis. sixth edition.* Brooks/Cole, Cengage Learning. (津田彰・山崎久美子監訳 (2010) 心理療法の諸システム―多理論統合的分析〔第6版〕. 金子書房.)
斎藤清二 (2012)「エビデンスに基づく実践」のハイジャックとその救出. こころの科学, No.165, 2-8.
Sampson, R.J. & Laub, J.H. (1993) *Crime in the Making: Pathways and Turning Points through Life.* Cambridge, Massachusetts, Harvard University Press.
Satir. V.(1983)*Conjoint Family Therapy: A Guide to Therapy and Technique.* 3rd edition. Science and Behavior Books, Inc. Palo Alto, California.
澤登俊雄 (2011) 少年法入門〔第5版〕. 有斐閣.
妹尾栄一 (2007) 性犯罪は嗜癖行動ではない. アディクションと家族, 24(3), 214-222.
Sexton, T.L. (2010) *Functional Family Therapy in Clinical Practice: An Evidence-Based Treatment Model for Working with Troubled Adolescents.* Routledge.
清水新二編著 (2014) 臨床家族社会学. NHK出版.
下坂幸三 (1998) 心理療法の常識. 金剛出版.
下坂幸三 (2007) フロイト再読. 金剛出版.
白井利明・岡本英生ほか (2000) 非行からの少年の立ち直りに関する生涯発

達的研究（1）—Sampson & Laub の検討．大阪教育大学教育研究所．35, 37-50.
生島浩（1989）「権力」の治療的意味について―治療構造を駆使した治療技法をめざして．更生保護と犯罪予防，No.92, 17-39.
生島浩（1993）非行少年への対応と援助―非行臨床実践ガイド．金剛出版.
生島浩・村松励（1998）非行臨床の実践．金剛出版.
生島浩（1999）悩みを抱えられない少年たち．日本評論社.
生島浩（2002）司法・矯正領域における活動モデル．In：下山晴彦・丹野義彦編：講座　臨床心理学 6　社会臨床心理学．東京大学出版会，pp.87-106.
生島浩（2003）非行臨床の焦点．金剛出版.
生島浩（2004）社会支援，地域支援．In：山中康裕・亀口憲治ほか共編：心理臨床大辞典 改訂版．培風館，1133-1134.
生島浩（2005）保護観察の現状と課題．ジュリスト，No.1293, 2-5.
生島浩（2009）学校臨床の現場から．SEEDS 出版.
生島浩（2010）少年非行と家族．In：井上眞理子編：家族社会学を学ぶ人のために．世界思想社，pp.202-219.
生島浩・岡本吉生・廣井亮一（2011）非行臨床の新潮流―リスク・アセスメントと処遇の実際．金剛出版.
生島浩（2014）更生保護における家族理解と支援について．更生保護，2014年 11 月号, 6-11.
杉原紗千子・生島浩・久保貴（2011）更生保護における犯罪心理臨床の歴史と展望．犯罪心理学研究　50 周年記念特集号，73-87.
鈴木一久・川崎卓司・杉原鎭雄・吉田元重・大塲玲子・辰野文理・久保貴（1992, 1993）少年院仮退院者の特性と成行きに関する研究．法務総合研究所研究部紀要，No.35, 203-237, No.36, 191-209.
鈴木浩二（1983）家族救助信号．朝日出版社.
Sydow, K.V., Retzlaff, R., Beher, S., Haun, M.W., Schweitzer, J.（2013）The Efficacy of Systemic Therapy for Childhood and Adolescent Externalizing Disorders: A Systematic Review of 47 RCT. *Family Process*, 52(4), 576-618.
高山勉，高木美佐緒，立花好教ほか（2014）中学校在学中に身柄付き係属した少年の縦断的研究―家庭環境と保護要因を中心として．家裁調査官研究紀要，第 18 号，157-194.
東大生活技能訓練研究会（1995）わかりやすい生活技能訓練．金剛出版.
浦田洋（2013）性犯罪者処遇の新しい流れ―良い生活モデル（GLM）とは何か．刑政，124(12), 36-48.
台利夫（1986）講座サイコセラピー 9　ロールプレイング．日本文化科学社.

Velasquez, M.M., Maurer, G.G., Crouch, C., & DiClemente, C.C.（2001）*Group Treatment for Substance Abuse: A Stage-of-Change Therapy Manual*. The Guilford Press.（村上優・杠岳文監訳（2012）物質使用障害のグループ治療―TTM に基づく変化のステージ治療マニュアル．星和書店．）

Ward, T.(2012)The Rehabilitation of Offenders: Risk Management and Seeking Good Lives.（小長井賀與監訳：犯罪者の更生―再犯危険性の管理と善い人生の追求．）更生保護学研究，創刊号，57-95.

渡辺俊之・小森康永（2014）バイオサイコソーシャルアプローチ―生物・心理・社会的医療とは何か．金剛出版.

White, M.（2007）*Maps of Narrative Practice*. W.W. Norton & Company.（小森康永・奥野光訳（2009）ナラティヴ実践地図．金剛出版．）

Winnicott, W.（1984）*Deprivation and Delinquency*. Tavistock Publications.（西村良二監訳（2005）愛情剥奪と非行．岩崎学術出版社．）

山田昌弘（2004）希望格差社会―「負け組」の絶望感が日本を引き裂く．筑摩書房.

山本健治（2015）【年表】子どもの事件 1945-2015．つげ書房新社.

Yates, P.M., & Prescott, D.S.（2011）*Building a Better Life: A Good Lives and Self-Regulation Workbook*. Safer Society Press.（藤岡淳子監訳（2013）グッドライフ・モデル．誠信書房．）

吉川悟（1993）家族療法―システムズアプローチの〈ものの見方〉．ミネルヴァ書房.

吉川悟編（2009）システム論からみた援助組織の協働―組織のメタ・アセスメント．金剛出版.

遊佐安一郎（1984）家族療法入門―システムズ・アプローチの理論と実際．星和書店.

索　引

人名索引

Bertalanffy, L.V. 52
Bonta, J. 43, 44
Glueck 夫妻（Glueck, S. & Glueck, E.） 38
Hirschi, T. 37, 97
星野周弘 40
Minuchin, S. 57, 60, 90
Prochaska, J.O. 43, 45, 49, 51, 84, 131, 148
Ward, T. 43, 46, 47, 48

項目索引

●アルファベット
FFT 49, 70-75, 108
　　→機能的家族療法
IP（Identified Patient） 36, 78, 113
MST 49, 66-75, 132, 149
　　→マルチシステミック・セラピー
RNR モデル 44-48
　　→リスク・ニーズ・応答性モデル

●あ行
アイソモーフィズム（isomorphism） 53, 56, 58
アドボカシー（adovocacy） 29

維持期（maintenance） 50
一般システム理論 52
円環的因果律 52
円環的質問法 120
円環的認識論 56, 59-60, 77
エンパワーメント 28, 38, 48, 86, 91, 98, 126
親への肩入れ 63, 126

●か行
階層性（hierarchy） 56, 57, 62, 126
家族教室 92, 100-103, 132-136, 138, 141-151, 161
家庭支援専門相談員 19
家族システム 53-59, 73, 79, 80, 95, 104, 114, 126, 156
　　──論 52-54, 59, 88
家庭裁判所 13-20, 22-24, 26, 40, 44, 62, 76, 89, 92, 94, 127, 131, 136, 139
　　──調査官 16-18, 33, 82, 104, 128
家庭内暴力 31-32, 58, 63, 92, 161
患者とされた者 78
　　→IP
鑑別技官 18
機能的家族療法（functional family therapy: FFT） 49, 70, 105,

108, 162
強圧的家族過程（coercive family process）64
境界 53, 54, 57, 60-63, 86-88, 96-97, 110, 118, 126-128
協働態勢 19, 57, 93
グッドライブズ（good lives）モデル 43, 47, 48
ぐ犯少年 14
警察 13-18, 20, 22-26, 31, 40, 104, 137, 157, 160-162
ケース・マネジメント 22, 81, 132, 150, 160
構造的家族療法（structured family therapy）60, 62, 65, 67, 78
校内暴力 31, 32

●さ行
シートチェンジ 62, 114, 126
ジェノグラム・インタビュー 83, 97
システムズ・アプローチ 22, 24, 35, 49, 52-56, 60, 66-67, 70-71, 74-81, 85, 88-95, 103, 107, 113, 116, 125, 132-136, 150-151, 158, 160
実行期（action）50, 51
児童自立支援施設 13-19, 153-156
児童心理司 19, 93
児童相談所 13-20, 26, 64, 68, 76, 92-93, 104, 156-157, 161
児童福祉司 17, 19, 93
児童福祉法 13, 14, 17
社会構成主義 35
社会的絆理論（social bond theory）37
熟考期（contemplation）49, 51, 148

準備期（preparation）50, 148
ジョイニング（joining：波長合わせ）90-91, 111, 113-114, 126
常識的非行臨床 85, 88, 116, 137
少年院 13-19, 23-29, 40, 42, 44, 46, 101, 134-150, 153, 155-156, 160, 162
少年鑑別所 13, 16-18, 20, 23, 26, 44, 103, 137
『少年非行の解明』39
少年法 13, 16, 18, 20, 23, 28, 48, 155
少年補導職員 18
触法少年 14
静的リスク因子（static risk factors）44
生物心理社会モデル 33, 35, 42
世代間の境界（boundary）53-54, 57, 60, 62, 97, 110, 126-127
前熟考期（precontemplation）49, 50
全体性 52
素行障害 34

●た行
対話による和解プログラム 28
多結果性 52, 58
ダブル・ロール 24, 46, 80
多面的家族療法（multidimensional family therapy）66, 74
多理論統合モデル 49
短期療法（ブリーフ・セラピー）82-84
使い勝手の良い 37, 53, 60
転機（turning points）39
等結果性 52
統合的アプローチ 130

動的リスク因子（dynamic risk factors）　44

●な行
悩みを抱える　26, 154
ニーズ原則　45
ノーマライズ　83, 119

●は行
発達精神病理学　39, 42, 43, 84, 131
犯罪少年　14, 117
反応性原則　45
被害者の視点を取り入れた教育　28
非行少年率　25
非行促進的な要因　40
　→リスク要因（リスク・ファクター）
非行抑制的な要因　40
　→保護要因（プロテクティブ・ファクター）
非総和性　52
フィードバック・ループ　58, 59
ブリーフ・セラピー　→短期療法
プロテクティブ・ファクター　→保護要因
ペアレント・マネジメント・トレーニング　64-65, 67
変化のステージ・モデル（transtheoretical model: TTM）　43, 48, 50, 84, 131, 148
法務教官　18, 19
保護観察官　17-19, 33, 80, 93, 100, 136
保護観察所　13, 17-18, 22-23, 26, 28, 40, 44, 57, 68, 76, 80-81, 84, 93-94, 100-103, 132-136, 141, 150-151, 162
保護司　17, 19, 29, 48, 57, 93, 128, 136, 140
保護要因（プロテクティブ・ファクター）　40-41, 43, 71, 104, 122-123
ホメオスタシス（homeostasis）　58

●ま行
マルチシステミック・セラピー（multi-systemic therapy: MST）　49, 56, 63, 66, 71, 105, 149, 162
道筋（pathways）　39
もつれた家族　60-62, 78, 110
問題とされた家族　36
　→ IP

●や行
遊離家族　61

●ら行
螺旋パターン　50-51, 59, 131
リスク原則　45
リスク・ニーズ・応答性（risk-needs-responsivity: RNR）モデル　43
　→ RNR モデル
リスク・ファクター　→リスク要因
リスク要因（リスク・ファクター）　26, 40-43, 45, 71, 104, 145

著者略歴
生島　浩（しょうじまひろし）
　福島大学大学院人間発達文化研究科・教授。
　1979年，一橋大学社会学部卒業。法務省に入省し，東京及び横浜保護観察所の保護観察官などを経て，1992年筑波大学院修士課程教育研究科カウンセリング専攻修了。1996年法務省法務総合研究所研究部室長研究官，2000年法務省浦和保護観察所観察第一課長，2001年福島大学教育学部教授。2016年博士（文学）東北大学。専攻は非行・犯罪臨床学，家族臨床学，臨床心理学。最近は触法障害者の地域生活支援に力を入れている。
　主な著書に『非行少年への対応と援助』（単著，金剛出版），『悩みを抱えられない少年たち』（単著，日本評論社），『非行臨床の焦点』（単著，金剛出版），『学校臨床の現場から』（単著，SEEDS出版），『犯罪心理臨床』（共編著，金剛出版），『臨床家族社会学』（共著，放送大学教育振興会），『よくわかる更生保護』（共編著，ミネルヴァ書房）ほか多数。

非行臨床における家族支援
ひこうりんしょう　　　　　かぞくしえん

2016年8月18日　初版発行

著　者　生島　浩
　　　　しょうじま　ひろし
発行人　山内俊介
発行所　遠見書房

〒181-0002　東京都三鷹市牟礼6-24-12
　　　　　三鷹ナショナルコート004
　　　　　　　　（株）遠見書房
Tel 050-3735-8185　Fax 050-3488-3894
http://tomishobo.com　tomi@tomishobo.com
郵便振替　00120-4-585728

印刷　太平印刷社・製本　井上製本所
ISBN978-4-86616-012-2　C 3011
© Shojima Hiroshi 2016
Printed in Japan

※心と社会の学術出版　遠見書房の本※

遠見書房

コミュニティ・アプローチの実践
連携と協働とアドラー心理学

箕口雅博編

コミュニティのなかでどう動き，協働し，効果ある実践を行うか。この本は，心理・社会的なコミュニティへの支援のすべてを描いたもので，多くの読者の臨床現場で役立つ一冊である。3,800円，A5並

解決の物語から学ぶ
ブリーフセラピーのエッセンス
ケース・フォーミュレーションとしての物語

狐塚貴博・若島孔文 編著

リソース，ワンダウン，パラドックス，コンプリメント等，ブリーフセラピーを学び，ケース・フォーミュレーション力を培うことを目指す。2,400円，四六並

森俊夫ブリーフセラピー文庫①
心理療法の本質を語る
ミルトン・エリクソンにはなれないけれど

森　俊夫・黒沢幸子著

未来志向アプローチ，森流気質論など独特のアイデアと感性で，最良の効果的なセラピーを実践できた要因は何か。死を前にした語り下ろし。2,200円，四六並

条件反射制御法ワークブック
やめられない行動を断ち切るための治療プログラム【物質使用障害編】

長谷川直実・平井愼二著

デイケアや病棟，刑務所，保護観察所などの施設で物質乱用のメカニズムを学びながら，条件反射制御法のステージを進めてゆくプログラム。1,200円，B5並

その場で関わる心理臨床
多面的体験支援アプローチ

田嶌誠一著

密室から脱し，コミュニティやネットワークづくり，そして，「その場」での心理的支援，それを支えるシステムの形成をつくること――田嶌流多面的体験支援アプローチの極意。3,800円，A5並

性加害少年への対応と支援
児童福祉施設と性問題行動防止プログラム

埜崎健治著

性問題行動防止プログラムに沿って展開した事例を中心に，心理職，少年，家族らの不安感や希望を赤裸々に描いた1冊。重い現実のなかで交錯する人間の生き様と臨床模様。2,200円，四六並

DVDでわかる
家族面接のコツ③P循環・N循環編

東　豊著

初回と2回めの面接を収録したDVDと，書籍にはケースの逐語，東豊と黒沢幸子，森俊夫によるブリーフ的，システム論的解説を収録。家族面接DVDシリーズの第3弾。6,600円，A5並

臨床心理検査バッテリーの実際

高橋依子・津川律子編著

乳幼児期から高齢期まで発達に沿った適切なテストバッテリーの考え方・組み方を多彩な事例を挙げて解説。質問紙，投映法など多種多様な心理検査を網羅し，フィードバックの考え方と実際も詳しく述べる。2,800円，A5並

N：ナラティヴとケア

人と人とのかかわりと臨床・研究を考える雑誌。第7号：看護実践におけるナラティヴ（紙野雪香・野村直樹編）。新しい臨床知を手に入れる。年1刊行，1,800円

子どもの心と学校臨床

SC，教員，養護教諭らのための専門誌。第14号 学校現場で活かすアドラー心理学（八巻秀編）。教育と臨床の思想をつなぐ。年2（2，8月）刊行，1,400円

価格は税抜です